Holger Schmale
Chausseestraße

Holger Schmale

CHAUSSEE-STRASSE

Berliner Geschichte im Brennglas

Ch.Links VERLAG

Auch als ebook erhältlich

Die Deutsche Nationalbibliothek verzeichnet diese Publikation
in der Deutschen Nationalbibliografie; detaillierte bibliografische
Angaben sind im Internet über www.dnb.de abrufbar.

Ch. Links Verlag ist eine Marke
der Aufbau Verlage GmbH & Co. KG

www.christoph-links-verlag.de
Prinzenstraße 85, 10969 Berlin
Umschlaggestaltung: zero-media.net, München,
unter Verwendung eines Fotos von der Chausseestraße, Ecke Invalidenstraße
© Bildagentur-online/Schoening/Alamy Stock Foto
Satz: Nadja Caspar, Ch. Links Verlag
Druck und Bindung: Druckerei F. Pustet, Regensburg
Gedruckt auf säurefreiem, chlorfrei gebleichtem Papier

ISBN 978-3-96289-143-5

INHALT

VORWORT

Chausseestraße – was für ein Straßenname! Den meisten Berlinern fällt der Unsinn gar nicht auf. Seit rund 220 Jahren trägt die einstige Oranienburger Landstraße diese Bezeichnung. So etwas wird in der Sprachwissenschaft Pleonasmus oder Tautologie genannt – Berliner würden sagen: doppelt jemoppelt. Denn eine Chaussee ist nichts anderes als eine gut ausgebaute Landstraße, und als die nach Oranienburg im Norden Berlins führende um das Jahr 1800 mit Pflastersteinen befestigt wurde, nannte man sie französisch-modern Chausseestraße. Es gibt sogar eine zweite Chausseestraße in Berlin, weit draußen im Westen der Stadt, in Wannsee.

»Unsere« in Mitte gehört nicht zu den berühmten Adressen Berlins wie Unter den Linden, der Kurfürstendamm oder die Friedrichstraße, obwohl sie direkt an Letztere anschließt. Aber sie steht exemplarisch für die Anfänge und das Wachsen der Metropole Berlin, für die Brüche, die Katastrophen, die Neuanfänge, die Vielfalt und die Vitalität der Stadt.

Anfang des 19. Jahrhunderts entstand hier die erste Schwerindustrie Preußens; wegen der vielen qualmenden Schlote wurde die Gegend Feuerland genannt. Ein Begriff, der sich an manchen Stellen der Chausseestraße bis heute findet oder im Zuge der Wiederbelebung der Straße nach 2000 neu entdeckt wurde: Gleich das erste Gebäude, Hausnummer 1, trägt den Namen Haus Feuerland; das auf dem Gelände der einstigen Bromfabrik an der Chausseestraße 38 bis 42 entstandene neue Wohnquartier heißt Feuerlandhöfe, und dort gibt es seit 2018 auch die Feuerland Apotheke. Dafür steht vor allem die Maschinenbauanstalt von August Borsig, die gleich am Anfang der Straße, lag. Ernst Schering eröffnete 1851 in der damaligen Hausnummer 17 eine Apotheke, aus der später das berühmte Pharmaunternehmen hervorging. Emil Rathenau gründete 30 Jahre später etwas weiter nördlich die Deutsche Edison-Gesellschaft, aus der später die AEG werden sollte.

Kaum 100 Meter vom Oranienburger Tor die Straße hinauf finden sich der Französische und der Dorotheenstädtische Friedhof mit ihren vielen Gräbern prominenter Persönlichkeiten: von Schinkel, Hegel und Fichte über Heinrich Mann, Arnold Zweig und Anna Seghers bis zu Heiner Müller, John Heartfield, Johannes Rau und Egon Bahr. Gleich nebenan liegt das Wohnhaus von Helene Weigel und Bertolt Brecht. Einige Blöcke weiter erstreckt sich das monumentale Gebäude des Bundesnachrichtendienstes, das wiederum auf historischem Boden steht. Einst ein Exerzierplatz, später Kasernengelände, entstand hier zu DDR-Zeiten das Walter-Ulbricht-, später Stadion der Weltjugend.

Kurz vor dem Ende der 1,7 Kilometer langen Straße endete schließlich bis vor dreißig Jahren auch Ost-Berlin am Grenzübergang Chausseestraße, an dem im April 1989 der letzte Schuss an der Mauer fiel und der wenig später zu den ersten Schauplätzen des Mauerfalls wurde. Und die Grenze ging nicht nur quer über die Straße, die Teilung verlief auch unter ihr hinweg – dort verkehrte die West-Berliner U-Bahn ohne Halt zwischen Wedding und Kreuzberg.

Das sind nur einige Beispiele für den Geschichtsreichtum dieser Straße, entlang der sich Berliner und überhaupt deutsche Wirtschafts-, Kultur- und Sozialgeschichte durch zwei Jahrhunderte und fünf Gesellschaftssysteme anschaulich erzählen lässt. Es gibt viele kleinere Glanzpunkte, Orte und Fassaden, in denen sich Lebenswelten, Schicksale, kurz: Stadtgeschichte wie unter einem Brennglas bündeln. In diesem Buch sollen sie anhand alter Pläne, Adressbücher, Fotos, Dokumente entschlüsselt und neu im Zusammenhang dargestellt werden. So entsteht eine vielfältige Sicht auf das Leben der Stadt am Beispiel einer Straße und ihrer Entwicklung und gleichzeitig wird der Blick auf die Gegenwart geschärft. Das Buch folgt in seiner Erzählung nicht dem Straßenverlauf und auch nicht einer strengen Chronologie, sondern betrachtet thematische Komplexe. Aktuelle Ortsbesichtigungen verknüpfen die Geschichte immer wieder mit der Gegenwart.

Die Nummerierung der Grundstücke an der Chausseestraße entspricht, wie es im Königreich Preußen üblich war, dem Hufeisensystem: Sie beginnt beim ersten Haus auf der rechten Straßenseite, folgt ihr bis zum letzten Haus und wird dann auf der anderen Straßenseite zurückgeführt, die Form eines Hufeisens beschreibend. Durch den über die Jahrhunderte wechselnden Zuschnitt der Grundstücke hat sich auch mehrfach die Nummerierung geändert. Im Buch werden in der Regel die heute geltenden Hausnummern verwendet.

Ich danke allen Gesprächspartnerinnen und Gesprächspartnern, den Autorinnen und Autoren der verwendeten Texte und Fotos, den Mitarbeiterinnen und Mitarbeitern der Archive, die mir geholfen haben, ein möglichst genaues, farbiges und interessantes Bild der Chausseestraße zu zeichnen.

1
»MÄCHTIGE STRÖME VON SCHWÄRZLICHEN ARBEITERN«
Im »Feuerland« stand die Wiege der deutschen Schwerindustrie

Der Auftakt der Chausseestraße ist, sagen wir: lebendig. Die Friedrichstraße mündet von Süden, von Westen kommt die Hannoversche Straße, und von Osten treffen hier die Oranienburger- und die Torstraße fast zusammen. Da ist ganz schön was los, und es ist laut: eine quirlige Straßenkreuzung voller Autos, die in alle Richtungen fahren, abbiegen, beschleunigen, bremsen, sich stauen. Ein Rettungswagen braust mit Sirene und Blaulicht aus der Torstraße heran, vermutlich auf dem Weg zur Notaufnahme der Charité, deren Bettenhaus nur wenige Blocks entfernt in den Himmel ragt. Die Wagen der Straßenbahnlinien M 5 und 12 rumpeln in Richtung Hohenschönhausen und Weißensee oder Zingster Straße beziehungsweise Kupfergraben über die Kreuzung, dazu Busse in Richtung Hauptbahnhof und Ostbahnhof oder Wedding und Wittenau. Eine unwirtliche Verkehrsinsel mit ein paar Verteilerkästen und Kabelmasten lädt allenfalls zum Abstellen von Fahrrädern und E-Rollern unter einer Normaluhr ein. Wer jedoch das Großstadtgewimmel mag, der ist hier richtig.

Quirlig ging es hier auch schon vor 180 Jahren zu, als jenseits des Oranienburger Tors und der Akzisemauer »Feuerland« begann, das Zentrum der frühen deutschen Schwerindustrie. Eine unauffällige, dunkelgraue Metallplatte an der Fassade des großen Eckhauses Chausseestraße 1 erinnert an den Mann, der die Gegend wie kaum ein anderer für Jahrzehnte prägte. »August Borsig (1804–1854) gründete 1837 auf diesem Gelände eine der bedeutendsten Maschinenfabriken Deutschlands und gab damals der industriellen Revolution einen wichtigen Impuls«, heißt es dort. Das ist sehr zurückhaltend formuliert. Der auf Berlin-Geschichte spezialisierte Historiker Hanno Hochmuth stellt die Gegend in eine größere Dimension: »Es gab damals ein Viertel in Berlin, das so etwas war wie heute Silicon Valley in San Francisco, wo sich die frühe Industrie richtig geballt angesiedelt hatte: Man nannte es Feuerland.«

August Borsig – Prototyp des neuen Unternehmers

August Borsig war die Leitfigur des industriellen Aufschwungs und Unternehmertums in Preußen um die Mitte des 19. Jahrhunderts – »ideenreich, von Fortschritt und Technik fasziniert, energiegeladen, risikofreudig und zielstrebig«, so beschreibt seine Biografin Ulla Galm den ehemaligen Zimmermannsgesellen aus Breslau. Er kam 1823 im Alter von 19 Jahren nach Berlin, um hier mit einem Stipendium seiner Heimatstadt ein Studium an der Königlich-Technischen Gewerbeschule, gegründet und geleitet von dem Ministerialbeamten Christian Peter Wilhelm Beuth, aufzunehmen. Hier wurden auf Staatskosten junge Ingenieure ausgebildet, die sich verpflichten mussten, nach dem Studium eigene Unternehmen zu gründen. Dies war Teil der fortschrittlichen Industriepolitik Preußens, die vor allem im Auge hatte, zum Konkurrenten England zumindest aufzuschließen.

Der Name Beuth spielt fast 200 Jahre später, 2019/20, noch einmal eine größere Rolle in den geschichtspolitischen Debatten Berlins. Die Technische Fachhochschule hat sich 2009 seinen Namen gegeben, um sich in die Tradition des »Vaters der angewandten Ingenieurwissenschaften« zu stellen. Zehn Jahre später stieß man auf antisemitische Positionen und Handlungen Beuths, wie sie im deutschen Bürgertum jener Jahre gang und gäbe gewesen waren. Die Hochschule entschloss sich nach kontroverser öffentlicher Debatte, den Namen zum 1. Oktober 2021 abzulegen und heißt fortan Berliner Hochschule für Technik (BHT).

August Borsig entwickelte sich zu einem Meisterschüler Beuths, auch wenn er die Schule nicht beendete, sondern sich schon vorher in die Arbeitswelt aufmachte. Er war auf die Neue Berliner Eisengießerei von Franz Anton Egells gestoßen, den ersten Maschinenbaubetrieb an der Chausseestraße. Egells konstruierte mit staatlicher Unterstützung Maschinen aller Art, darunter versuchsweise die ersten Lokomotiven. In den Augen Beuths und der preußischen Regierung war er der Prototyp des privaten Unternehmers und sollte die wirtschaftliche Entwicklung Preußens vorantreiben.

Für den jungen Borsig war das Zusammentreffen mit Egells ein Glücksfall. Der Chef erkannte das konstruktive Talent und den Erfindungsreichtum Borsigs und ließ ihn an wichtigen Projekten, wie einer großen Dampfmaschine für eine schlesische Spinnerei, mitwirken. Nach zwei Jahren wurde Borsig Betriebsleiter bei Egells, arbeitete aber gleichzeitig zielstrebig auf seine Selbstständigkeit hin, wie seine Biografin Ulla Galm es schildert. So begann er, in der unmittelbaren Nachbarschaft Land aufzukaufen. Zu jener Zeit war die Gegend vor dem Oranienburger Tor noch ländlich geprägt mit Gärten, Äckern und Wiesen. Vorausschauende Zeitgenossen wie der Tierarzt Franz Bitter hatten hier schon früh Grundstücke als Spekulationsobjekte erworben. Von ihm kaufte Borsig 1836 die Parzellen Torstraße 46 bis 53 und Chausseestraße 1, die er zum Betriebsgelände für seine eigene 1837 gegründete Eisengießerei und Maschinenbauanstalt August Borsig zusammenfasste – in unmittelbarer Nachbarschaft von Egells' Unternehmen.

Der erste Auftrag belief sich auf 116 200 Schrauben für den Bau von Gleisanlagen der Berlin-Potsdamer Bahn. Dieser hatte fast

Eduard Biermanns Gemälde »Borsig's Maschinenbauanstalt zu Berlin«, 1847 von August Borsig in Auftrag gegeben

Symbolcharakter, denn das nun auch in Deutschland aufblühende Eisenbahnwesen erwies sich als Motor für die Entwicklung der Firma Borsig. Die ersten Lokomotiven für den preußischen Bahnbetrieb kamen aus England und den USA. Doch die Hersteller schickten kein Wartungspersonal für die störanfälligen Maschinen mit. Das war die Chance für den Tüftler Borsig. Er reparierte die Lokomotiven und studierte dabei genau deren Konstruktionsweise. So entdeckte er ihre Schwächen, entwickelte bessere Lösungen zum Beispiel für eine weitere Laufachse und ließ sie sich patentieren. Sein Ziel war der Bau einer eigenen Lokomotive – 1841 war die erste »Borsig« fertig.

Am 24. Juli 1841 erzielte er den entscheidenden Durchbruch für seine Firma. Auf der neu eröffneten Strecke vom Anhalter Bahnhof in Berlin nach Jüterbog in Brandenburg wurde eine Wettfahrt zwischen einer englischen Stephenson- und der Borsig-Lokomotive organisiert. Der Sieg war eindeutig: Die deutsche Lokomotive benötigte für die gut 60 Kilometer lange Strecke zehn Minuten weniger als die englische. Von nun an konzentrierte sich Borsigs Unternehmen auf die Produktion von Lokomotiven. 1847 verließ die 100. dampfbetriebene Zugmaschine das Werk an der Chausseestraße. August Borsig richtete für seine Belegschaft aus diesem Anlass ein Fest aus und erwies sich auch damit als ein seiner Zeit vorausdenkender Unternehmer. Mit dem Fest wollte er zum einen die Identifikation der Mitarbeiter mit dem Werk, der Marke und ihrem Besitzer fördern. Borsig spürte die heraufziehenden unruhigen Zeiten, die ein Jahr später, 1848, revolutionäre Kraft entwickelten. Da war die Loyalität der eigenen Arbeiterschaft ein wertvolles Gut. Zum anderen dienten die Zeitungsberichte über das für damalige Verhältnisse ungewöhnliche Ereignis der Werbung für das Unternehmen, das sich in den folgenden Jahrzehnten zu einem der weltweit führenden Hersteller von Lokomotiven entwickelte.

August Borsig war zu dieser Zeit ein in der preußischen Hauptstadt gefragter und gut vernetzter Mann mit besten Beziehungen zum Königshaus, wohl bekannt mit anderen Größen jener Zeit, wie dem Generaldirektor der königlichen Gärten Peter Joseph Lenné, dem Naturforscher Alexander von Humboldt und dem Schinkel-Schüler Johann Heinrich Strack. Strack entwarf die ersten Fabrikgebäude für Borsig mit dem damals berühmten achteckigen Uhr- und Wasserturm und den eleganten Kolonnaden zur Chausseestraße. Diese Verbindungen trugen dazu bei, dass Borsig den Auftrag zum Bau des Pumpwerks für die Bewässerungsanlagen und vor allem die großen Fontänen im Park des Potsdamer Schlosses Sanssouci erhielt, die bis dahin nicht wie gewünscht funktioniert hatten. In der Folge dieses erfolgreichen Projekts erteilte das Königshaus ihm auch den prestigeträchtigen Auftrag für die Stahlkonstruktion der Kuppel des Berliner Stadtschlosses, deren Replik seit 2020 das neu errichtete

Humboldt Forum auf dem Schlossplatz krönt. Die Kuppeln der Nikolaikirche in Potsdam und des Neuen Museums in Berlin ruhten ebenfalls auf Stahlkonstruktionen aus dem Hause Borsig.

Eduard Biermanns Gemälde der Borsigwerke hängt im Märkischen Museum. Es zeigt den Betrieb auf dem Borsigschen Fabrikgelände. Die weithin sichtbare Uhr auf dem Wasserturm im Zentrum bestimmt den Takt. Pünktlichkeit und Disziplin sind wichtige Merkmale der industriellen Massenproduktion. Im Zentrum steht die Gießhalle mit ihren beiden Schornsteinen. Rechts zeigt Biermann ein Pferdegespann, das eine Lokomotive aus der Montagehalle zieht – Sinnbild der Dynamik und ein entscheidendes Produkt der Zukunft.

Den Blick über die Fabrik, wie er durch die Terrasse der Borsig-Villa rechts vorn im Bild suggeriert wird, hat es nie gegeben. Zu jener Zeit wurde die Villa gerade erst gebaut – im drei Kilometer entfernten Moabit. »Durch diesen kleinen Montagetrick holt Biermann aber nicht nur ein Stück ländlicher Idylle in die für die Berliner noch gewöhnungsbedürftige Industrielandschaft; er macht auch den wirtschaftlichen Erfolg und privaten Reichtum des Unternehmers Borsig deutlich. Mitte des 19. Jahrhunderts waren die Borsigwerke der größte Lokomotivproduzent des europäischen Kontinents«, heißt es in der Erläuterung des Gemäldes durch das Märkische Museum.

Vor der Akzisemauer

Die Chausseestraße nahm derweil immer mehr den Charakter einer Industrielandschaft an, denn Egells und Borsig zogen weitere Betriebe nach. Angesichts des Feuerscheins der vielen Essen und der qualmenden Schlote prägte der Berliner Volksmund den Begriff Feuerland für die Gegend. Der Schriftsteller Heinrich Seidel beschrieb die Straße in seinem 1882 erschienenen Roman *Leberecht*

Hühnchen so: »Vom Oranienburger Tore aus reihte sich an ihrer rechten Seite eine große Maschinenfabrik an die andere in fast ununterbrochener Reihenfolge. Den Reigen eröffnete die weltberühmte Lokomotivfabrik von Borsig mit den von Strack erbauten schönen Säulengängen, dann folgten Egells, Pflug, Schwartzkopff, Wöhlert und viele andere von geringerem Umfang. In den Straßenlärm hinein tönte überall schallendes Geräusch, und das dumpfe Pochen mächtiger Dampfhämmer erschütterte weithin den Boden, daß in den Wohnhäusern gegenüber die Fußböden zitterten, die Gläser klirrten und die Lampenkugeln klapperten. Zu gewissen Stunden war die Straße ein Flußbett mächtiger Ströme von schwärzlichen Arbeitern, die aus all den Fabriktoren in sie einmündeten.«

Seidel wusste, wovon er schrieb, denn als junger Ingenieur hatte er selbst in einer dieser Fabriken gearbeitet. Doch zu der Zeit, als sein Buch erschien, neigte sich die Ära der Schwerindustrie in der Chausseestraße schon ihrem Ende zu. Im Laufe der 1870er-Jahre erwiesen sich die Platzverhältnisse für die expandierenden Werke als zu eng. Die Fabriken zogen um an die neuen Ränder der wachsenden Stadt, erst nach Moabit, später nach Tegel. Ende des 19. Jahrhunderts ließen die Nachfahren des Firmengründers nordöstlich des Tegeler Sees weitläufige Fabrikanlagen sowie dazugehörige Werkswohnungen für die Mitarbeiter errichten. Das Viertel trägt bis heute den Namen Borsigwalde, und die dort gelegene U-Bahnstation heißt Borsigwerke.

Zu August Borsigs Zeiten stellte die Akzisemauer noch ein erhebliches Hindernis für die Bewegungsfreiheit von Menschen und Gütern dar. Sie diente nach ihrem Bau in den Jahren 1734 bis 1737 anders als ihre Vorgänger nicht der militärischen Verteidigung Berlins, sondern in erster Linie dem Eintreiben von Zöllen, der Akzise, auf eingeführte Waren an den 17 Land- und drei Wassertoren. Doch es gab auch weitere Funktionen, so erschwerte die Mauer die Desertion von Soldaten der Berliner Garnison und beschränkte die Mobilität der Juden. Diese durften lange Zeit im Norden allein das Rosenthaler und das Prenzlauer Tor und im Süden das Hallesche Tor passieren und wurden dort registriert. Als die Stadt jedoch wie an der Chausseestraße immer weiter wuchs und das Stadtgebiet schon 1840 mehr als das Doppelte des von der 16 Kilometer langen Mauer umgebenen Gebietes umfasste, wurde sie sinnlos und in den Jahren 1867 bis 1870 abgerissen.

Ähnlich wie beim Fall der Berliner Mauer etwa 120 Jahre später geschah das so gründlich, dass es kaum noch Spuren gibt. Einzig an der Hannoverschen Straße 9, ganz in der Nähe der Chausseestraße, ist ein 40 Meter langer Originalabschnitt denkmalgerecht erhalten und in einen Neubau integriert worden. Dieser – von Karl-Friedrich Schinkel 1834 entworfene – Überrest besitzt in den Augen des Berliner Denkmalamtes einen außerordentlichen Zeugniswert für die Lage und das Aussehen der einstigen Zollmauer. Das besonders prächtige und geschichtsträchtige Brandenburger Tor ist als einziges erhalten. Von einigen anderen künden bis heute Straßen- und Ortsnamen wie das Kottbusser oder das Oranienburger Tor. Als Letzteres 1867 abgebrochen wurde, griff August Borsigs Sohn Albert zu: Er sicherte sich zwei große von Carl von Gontard geschaffene Sandsteinfiguren aus dem Schmuck des Tors, das schräg gegenüber den Borsigwerken stand, und ließ sie auf die Ziegelpfeiler an der Zufahrt zu seinem gerade erworbenen Gut in Groß Behnitz im Havelland setzen – wo sie bis heute zu bewundern sind.

Neues Leben in alten Höfen

An der Chausseestraße findet man nur noch wenige Überbleibsel ihrer industriellen Vergangenheit. Mit dem Abzug der Fabriken geriet sie zunehmend in das Visier von Spekulanten wie dem Grafen Henry von Pourtalès, der gezielt brachliegende Grundstücke aufkaufte, sie für den Bau von Wohnhäusern neu parzellieren ließ und mit hohem Gewinn an Investoren und Bauunternehmer verkaufte. Das Borsiggelände erwarb 1878 die Magdeburger Bau- und Creditbank, die dort viergeschossige Mietshäuser mit mehreren Höfen und Hinterhäusern errichten ließ, in die zum Teil die alten Industriebauten einbezogen wurden. Manches davon ist erhalten.

Sehr gut bewahrt, sorgfältig saniert und zeitgemäß genutzt sind die einstigen Fabrikanlagen, die sich hinter dem auffälligen Neubau an der Chausseestraße 8 verbergen. Von der Straße aus kann man schon einen Ausschnitt davon wahrnehmen. Die offene Durchfahrt gewährt die Sicht auf einen engen Hinterhof mit einem Wohnhaus und dann weiter auf eine Klinkerfassade, die zu einem Gebäudeensemble gehört, in dem der westfälische Ingenieur Franz Anton Egells, der spätere Förderer Borsigs, ab 1821 seine Eisengießerei und Maschinenfabrik betrieb. Der langgestreckte Hof reicht bis zur Novalisstraße, hier gibt es einen weiteren Eingang mit der Hausnummer 11. Auf dem damals dazugehörigen Nebengrundstück, heute Nummer 10, das keinen Zugang zur Chausseestraße mehr besitzt, steht ein zweistöckiger Ziegelbau mit einer Gedenktafel: »Einzig erhaltenes Gebäude der Maschinenbauanstalt Egells, die hier von 1821–1886 bestand. Die Geburtsstätte der Deutschen Maschinenbauindustrie«. Das Gebäude ist heute Sitz mehrerer kleiner Unternehmen.

Die eigentliche Attraktion jedoch stellt das alte Fabrikgebäude nebenan dar, das letzte erhaltene große Industriebauwerk aus der Feuerland-Zeit. Es wurde 1823 im Auftrag Egells' für seine Eisengießerei errichtet, 1825 nahm Borsig seine Arbeit für Egells auf. In diese Zeit fällt die Konstruktion der ersten Lokomotiven, heute wird das Gebäude als Alte Lokfabrik vermarktet. Es verfügte ursprünglich über vier Fabriketagen von jeweils 1500 Quadratmetern Grundfläche mit großflächigen Fenstern und einem Dachgeschoss. Während der Sanierung von 1996 bis 1998 setzten die Architekten darauf ein neues, gestaffeltes Dachgeschoss mit acht Penthouse-Wohnungen. Diese sind von der Straße aus kaum zu sehen, weil rundum eine Galerie verläuft und die komplett verglasten Seitenwände schräg nach innen geneigt sind. Zu jeder Wohnung gehört ein Dachgarten mit einer 60 Zentimeter hohen Erdschicht. Darauf ruhen einige mächtige Findlinge aus Brandenburg, die mit einem Kran in die Höhe bugsiert worden sind. Die darunter liegenden ehemaligen Fabriketagen werden heute von Unternehmen der Werbe- und Medienbranche genutzt, hier hatte auch die Agentur Scholz & Friends in den 1990er-Jahren ihr erstes Berliner Domizil.

So gelungen die Sanierung der Hofgebäude wirkt, so besonders erscheint auch der Neubau an der Chausseestraße 8, dessen Vorgänger im Zweiten Weltkrieg zerstört worden war. Seither klaffte dort eine Baulücke, in die kurz vor der Jahrtausendwende ein schmales, sieben Etagen hohes Gebäude gesetzt wurde, das sich deutlich von den um das Jahr 1900 entstandenen verputzten Steinbauten links und rechts abhebt. Die Fassade verbirgt sich hinter einer filigranen Verkleidung aus Lärchenholzlamellen. Vor den Fenstern lassen sich diese mittels Stahlseilen wie Fensterläden auf- und zuklappen.

Im Erdgeschoss links neben der Durchfahrt zu den Höfen findet sich der Eingang zum Rutz, das 2020 zum ersten Drei-Sterne-Restaurant in Berlin gekürt wurde. Die Adresse Chausseestraße 8 hat unter Freunden guten Essens und Trinkens seit langem einen guten Klang. Eine ähnliche Pionierin wie der Sommelier Lars Rutz war Sahra Wiener, die neben ihrem Cateringservice 1999 das Speisezimmer im Erdgeschoss der Alten Lokfabrik eröffnete. Im Jahr 2021 serviert dort die Schnitzelei ihre Speisen. Am anderen Ende des Hofs, zur Novalisstraße hin, lädt die schicke Bar Reingold ein.

Wie lukrativ das Konzept des Mitte der 1990er-Jahre von der GCN Grundstücksverwaltung nach Plänen des Berliner Architekten Carlos Zwick sanierten Komplexes ist, verraten die Zahlen der Immobiliengesellschaft »Berliner Häuser« von Anfang der 2000er-Jahre: Reduktion des Leerstands von 100 Prozent auf null; Anstieg der durchschnittlichen Büro-Nettomieten um 35 Prozent in fünf Jahren; Wertsteigerung um 60 Prozent in acht Jahren. Inzwischen dürften sich die Mieten und der Marktwert angesichts des Immobilienbooms in Berlin vervielfacht haben.

Die Alte Lokfabrik ist ein frühes Beispiel für das lange nicht erkannte Potenzial der Chausseestraße. Dazu gehörte auch viel Fantasie. Als Zwick und seine Kollegen 1996 ans Werk gingen, präsentierte sich das fast 4000 Quadratmeter große, kurz zuvor an die letzte Eigentümerin rückübertragene Gelände in einem abenteuerlichen Zustand. Zur Chausseestraße hin klaffte eine Baulücke. Die meisten Wohnungen und Gewerbeflächen standen leer, in den Balken saß der Schwamm, Tauben bevölkerten die Räume, beschreibt Bernd Hettlage die Ausgangssituation im *Neuen Architekturführer*. Sogar ein Turmfalke hatte sich an der Brandwand der alten Fabrik niedergelassen. Beim Umbau musste ihm ein neuer Brutplatz eingerichtet werden, den er auch noch einige Jahre aufsuchte.

Vom Schweiß und Fleiß der Tiefbauer aus der Chausseestraße

Nicht überall ist die Symbiose aus Vergangenheit und Gegenwart so gut gelungen. Zur Achtsamkeit der Architekten für die Geschichte des Hauses zählt auch, dass sie Elemente aus der DDR-Zeit erhalten haben. Dazu zählen die blauen Fliesen, die sich wie eine Bordüre hüfthoch durch das Treppenhaus der Fabrik ziehen, sowie zwei großflächige Fliesengemälde in der Durchfahrt zur Novalisstraße. Diese künden im sozialistisch-realistischen Stil von den Aktivitäten des Tiefbaukombinats, das seit 1952 seinen Sitz im Fabrikgebäude hatte.

Fliesengemälde im Hofdurchgang der Chausseestraße 8, dem früheren Sitz des VEB (K) Tiefbau Berlin

Dabei handelt es sich um ein Unternehmen, das eine zentrale Rolle bei der Enttrümmerung des vom Krieg zerstörten Ostteils von Berlin und beim Wiederaufbau hatte und in den ersten zehn Jahren nach dem Mauerfall an wichtigen Bauprojekten wie dem Potsdamer Platz in der wiedervereinigten Hauptstadt beteiligt war. Das 1969 eingeführte Firmenlogo mit einem schwarzen Tb auf gelbem Grund erhielt nach der Privatisierung 1990 lediglich eine etwas dynamischere Ausrichtung und signalisierte ansonsten die Kontinuität dieses traditionsreichen Unternehmens.

Die Firmengeschichte begann 1949, als angesichts der anstehenden Räum- und Aufbauarbeiten mehrere kleinere Firmen zum Volkseigenen Betrieb (VEB) Tiefbau Berlin zusammengeschlossen wurden. Mit rund 6000 Mitarbeitern machte sich der VEB an die Räumung der Ruinen in Heinersdorf, an die Wiederherstellung defekter Ver- und Entsorgungsleitungen und an die Reparatur und den Neubau von Brücken, Straßen und Industrieanlagen. Die »Berge« in den Volksparks Friedrichshain (Mont Klamott) und Prenzlauer Berg sind auch ein Werk der Tiefbauer, die hier die abtransportierten Trümmermassen aufschichteten und mit Erde abdeckten. Nachdem diese Arbeiten Ende der 1950er-Jahre weitgehend abgeschlossen waren, ging es an die Neugestaltung Ost-Berlins, vor allem der Stadtmitte mit dem Alexanderplatz. Auch hier spielte das Unternehmen, das 1966 zu einem Kombinat mit mehr als 7000 Beschäftigten erweitert wurde, eine zentrale Rolle. Die nächste Großaufgabe waren Tiefbauarbeiten für ganze Wohngebiete wie in Marzahn und Hellersdorf. Eine besondere Beziehung hatte Tiefbau zum Stadionstandort an der Chausseestraße. Es war am Aufbau des Walter-Ulbricht-Stadions 1950 ebenso beteiligt wie am Umbau zum Stadion der Weltjugend 1972/73 und schließlich an dessen Abriss 1992.

1990 kam Tiefbau wie die meisten volkseigenen Unternehmen der DDR unter die Regie der Treuhandanstalt, die in Zusammenarbeit mit dem Land Berlin die Privatisierung betrieb. Aus dem Kombinat wurde die Tb Berliner Tief- und Verkehrsbau GmbH. Die alten Strukturen wurden zerschlagen und das Personal auf zunächst 2200 Mitarbeiter abgebaut. Die Firmenzentrale verließ 1993 die Chausseestraße und zog nach Heinersdorf. 1999, als das 50-jährige Unternehmensjubiläum groß gefeiert wurde, gab es noch 700 Beschäftigte. In seinem Grußwort würdigte der damalige Regierende Bürgermeister Eberhard Diepgen die Leistungen des ehemaligen VEB: »Kriegs- und Teilungsschäden über und vor allem unter der Erde wurden mit Aufbauwillen und Improvisationstalent behoben, und von Unter den Linden bis zum Flughafen Schönefeld stecken Schweiß und Fleiß der TB-Mitarbeiter in vielen zentralen Bauten Berlins.« Diepgen wünschte dem Unternehmen weitere 50 erfolgreiche Jahre, doch schon zwei Jahre später war Schluss. Die auf 430 Mitarbeiter geschrumpfte Tiefbau-GmbH meldete Insolvenz an. Die Flaute auf dem Baumarkt und Außenstände von 40 Millionen DM wurden als Ursachen genannt. So bleiben allein die Fliesengemälde in der Chausseestraße als Erinnerung an die Tiefbauer, ohne die Berlin nicht so aussähe, wie es wir es kennen.

Wo der Schmied der König ist

Von einem anderen Unternehmen, das in der DDR einen großen Namen hatte, sind in der Chausseestraße keine Spuren mehr zu finden. In den 1910 von dem Architekten Max Richter für die Maschinenbaufabrik Gerlach entworfenen Gebäuden mit der Hausnummer 42 nahmen die 1949 gegründeten VEB Secura-Werke mit zeitweise 2000 Mitarbeitern die Produktion von Registrierkassen und Rechenmaschinen auf. 1978 wurde Secura Teil des Kombinats Robotron, das die ersten Computer in der DDR entwickelte und produzierte. In der Chausseestraße kam in den 1980er-Jahren die Produktion von Kopiergeräten dazu. Die Privatisierung durch die Treuhand überstand das zur Secura Elektromechanik GmbH umgewandelte Unternehmen nicht lange. Es wurde 1996 aus dem Handelsregister gelöscht. Dafür wurde das Hauptgebäude der dann lange leerstehenden, fast zu einer Ruine verfallenen Fabrik in die Berliner Denkmalliste aufgenommen. Der Stahlskelettbau gilt als ein frühes Beispiel moderner Industriearchitektur. Heute ist er Teil der Wohnanlage Feuerlandhöfe und beherbergt etwa ein Drittel der neu entstandenen 400 Mietwohnungen. Das Immobilienunternehmen CC-Gruppe wurde für das 2017 fertiggestellte Projekt mit einem Architekturpreis ausgezeichnet.

Kehren wir noch einmal zu Borsig, in die Chausseestraße 13, zurück. Hier findet sich eine gut erhaltene Hinterlassenschaft, das

Ehemalige Fabrikgebäude der Secura-Werke, Chausseestraße 42, in Berlin-Mitte, 2010

Borsighaus. Während die industrielle Fertigung Ende des 19. Jahrhunderts den Standort längst verlassen hatte, nutzte man das Gelände der inzwischen abgerissenen Wohnhäuser der einstigen Lokomotivfabrik, um ein Verwaltungsgebäude für das gesamte Unternehmen zu bauen, das seit 1862 auch über Niederlassungen in Oberschlesien verfügte. Für das vierstöckige Zentralbüro entwarfen die Architekten Konrad Reimer und Friedrich Körte keinen nüchternen Zweckbau, sondern ein Gebäude mit einer aufwendig gestalteten Fassade im Stil der Neorenaissance, die über Erker, Gesimse und Ornamente verfügt. Ein besonderer Blickfang ist die lebensgroße Figur eines Schmiedes, die auf einer Konsole des Schlusssteins über dem Haupteingang des Zentralbüros steht. Darunter finden sich die Initialen A.B. – August Borsig. Die Figur ist der Statue nachempfunden, die in einer Nische des Wasserturms auf dem ersten Fabrikgelände, wenige Meter weiter südlich, stand. Einer Legende zufolge soll Borsig aufgefordert worden sein, in dieser Nische

Das Borsighaus, von 1899 bis in die 1950er-Jahre Sitz der Firmenverwaltung, 2010

eine Statue des Königs zu platzieren. Mit den Worten »Hier passt kein König her, hier ist der Schmied König!« soll er dies abgelehnt haben.

Das 1899 fertiggestellte prächtige Gebäude hat die Kriege und Umwälzungen unversehrt überstanden. Noch bis Ende der 1950er-Jahre befand sich hier die Borsigsche Vermögensverwaltung, bis sie nach West-Berlin übersiedelte. Heute gehört das 1996 bis 1999 denkmalgerecht restaurierte Gebäude der Bundeszahnärztekammer, die dort ihren Sitz hat. Sehenswert ist der von drei Büros aus begehbare zimmergroße Tresor, der aus statischen Gründen nicht entfernt werden kann. Er befindet sich in den Räumen einer Anwaltskanzlei, die Besuchern leider keine Besichtigung gewährt. Während das Vorderhaus eine aufwendig gestaltete Fassade hat, präsentieren sich im Hof Seitentrakt und Quergebäude mit der sachlichen Eleganz einer schlichten weißen Glasursteinverblendung, wie sie damals in Mode war, und Rahmungen aus Sandstein. In das Mauerwerk über dem klassizistisch anmutenden Eingang zum Quergebäude ist der Schriftzug »Borsigwerk« eingelassen.

August Borsig, der 1854 im Alter von nur 50 Jahren einem Schlaganfall erlag, hat die von seinem Sohn und seinen Enkeln betriebene Entwicklung seiner Maschinenbauanstalt zu einem Weltkonzern nicht mehr erlebt. Er ruht in Sichtweite des Borsighauses schräg gegenüber auf dem Dorotheenstädtischen Friedhof. Eine 1860 an der östlichen Grenze des Fabrikgeländes auf dem ehemaligen Invalidenhausacker neu angelegte Straße erhielt seinen Namen: Borsigstraße. Das Unternehmen existiert nach vielfältigen Umstrukturierungen und Besitzerwechseln bis heute und hat seinen Sitz im Reinickendorfer Stadtteil Borsigwalde, passenderweise in der Egellsstraße.

2
»WARTE NICHT AUF BESSRE ZEITEN«
Das Biermann-Haus, ein Knotenpunkt deutscher Geschichte

Bleiben wir noch ein wenig am Anfang der Chausseestraße, wo sich etwas von ihrem ruppigen Charme über die Jahrzehnte erhalten hat. Wo die Gegensätze von alt und neu, von original und gentrifiziert sich so plastisch wie kaum an einer anderen Stelle zeigen. Wo die Geschichte noch nicht völlig hinter glänzenden neuen Fassaden verschwunden ist.

Exemplarisch dafür stehen sich zwei Gebäude an dieser Kreuzung einander fast gegenüber. An der Ecke zur Torstraße präsentiert sich das prächtige Haus Feuerland genau da, wo einst die von Heinrich Strack entworfenen Kolonnaden den Eingang zu August Borsigs Lokomotivfabrik krönten. Die Bebauung von Eckgrundstücken zählte stets zu den besonderen Herausforderungen für Architekten. Hier gelang eine überzeugende Lösung mit einer gerundeten Gebäudeecke, die beide Seiten des im neobarocken Stil gehaltenen Wohn- und Geschäftshauses an der Tor- und der Chausseestraße verbindet. Das 1898/99 entstandene Gebäude hat auch den Zweiten Weltkrieg weitgehend unversehrt überstanden und wurde Ende der 1990er-Jahre luxussaniert. Auf der anderen Straßenseite, an der Ecke zur Hannoverschen Straße, beherrscht ein ebenfalls imposantes vierstöckiges Eckhaus die belebte Kreuzung. Doch im Gegensatz zum Haus Feuerland zieht es die Blicke nicht wegen seiner Pracht, sondern wegen seines erbärmlichen Zustands auf sich. Der Stuck wurde in den 1950er-Jahren abgeschlagen, der graue Putz aus

Das Eckhaus Chausseestraße 131 an der Hannoverschen Straße, 2020

DDR-Zeiten ist brüchig, Ausbesserungen ziehen sich wie ein heller Ausschlag über die Fassade, von den Fensterrahmen blättert die Farbe ab. Man könnte sagen, das Haus mit der Nummer 131 zeigt die Wunden seiner Vergangenheit.

Wer ein wenig über die Geschichte der DDR weiß, über das Ringen der Künstler um mehr Freiheit und das engstirnige Verhalten der SED, der kennt diese Adresse. *Chausseestraße 131* heißt die 1969 in West-Berlin erschienene Langspielplatte des Ost-Berliner Liedermachers Wolf Biermann, der sich als Kommunist verstand und in der DDR dennoch totgeschwiegen werden sollte.

Franz Rembold öffnet eine Glasvitrine und nimmt das Album mit dem grauen Umschlag heraus, legt es auf den Besprechungstisch. *Wolf Biermann Chausseestraße 131* steht auf dem Cover, darunter ein großes Schwarz-Weiß-Foto. Es zeigt den Liedermacher in einem alten Ohrenledersessel, seine Gitarre lehnt in einem anderen, auf einem Tisch am Rand steht eine Schreibmaschine, an den Wänden Bücherregale und viele Bilder. Es gibt nicht viele Alben, die nach einer Straßenadresse benannt sind.

Wolf Biermann hat sie bekannt gemacht. Doch die Geschichte des Hauses beginnt selbstverständlich nicht mit dem Mieter Biermann. Sie ist verbunden mit dramatischen Schicksalen aus der finstersten Zeit der jüngeren deutschen Vergangenheit. Denn einst gehörte das große Eckhaus wohlhabenden jüdischen Bürgern, die ihr Eigentum während der Nazi-Herrschaft verloren. Erst mehr als sechs Jahrzehnte später haben ihre Erben es auf verschlungenen Wegen zurückerlangt, auch mit Hilfe von Franz Rembold.

Wir sitzen in diesem Haus, in einem Büro in der zweiten Etage. In der Wohnung nebenan hat Wolf Biermann das Album aufgenommen. Der Liedermacher hatte ab Dezember 1965 Auftrittsverbot in der DDR, weil er die Widersprüche im real existierenden Sozialismus in seinen oft bös-satirischen Texten auf den Punkt brachte. Also machte er sein Wohnzimmer zum Tonstudio und nahm seine Lieder mit einem aus dem Westen beschafften Grundig-Tonbandgerät auf, zum Teil bei geöffnetem Fenster. Auf einigen Aufnahmen hört man den Straßenlärm, das Quietschen der Straßenbahn, die Zweitaktmotoren der Trabis, Hundegebell. Damit er nicht ins Leere singen musste, lud er Bekannte wie die damalige Theaterwissenschaftsstudentin Regine Sylvester ein. »Wolf konnte bei Aufnahmen nur in freundliche Gesichter singen«, erzählt sie. Biermanns Besucher mussten in Kauf nehmen, dass sie im Treppenhaus von dort postierten Bewachern kontrolliert und ihre Personalien aufgenommen wurden.

Das Tonband wurde in den Westen geschmuggelt, und so erschien die Schallplatte im linken Verlag von Klaus Wagenbach. Das war eine kleine Sensation, den SED-Funktionären auf diese Weise ein Schnippchen zu schlagen. Dem *Spiegel* erklärte Biermann den Titel so: »Er sollte sagen: Dieser Biermann ist zwar im Osten verboten – deshalb erscheint seine Platte ja auch ohne DDR-Geneh-

Chausseestraße 131 – die Schallplatte

migung im Westen –, aber er spielt kein Versteck, er hat Name und Adresse in Berlin, für Freund und Feind leicht zu finden.« Wolf Biermanns Wohnung war eine Art intellektuelles Widerstandsnest, ein Treffpunkt aufmüpfiger Literaten, Schauspieler und Musiker aus Ost und West – bis die SED ihn 1976 nach einem Konzert in Köln »ausbürgerte«. Ein spektakulärer Akt, der das Ansehen der DDR-Führung nachhaltig schädigte – in beiden deutschen Staaten. Viele sagen, dies sei der Anfang vom Ende der DDR gewesen.

Komplizierte Besitzverhältnisse

Franz Rembold war damals zwölf Jahre alt und lebte in der Nähe von Ulm. Sein Interesse an der DDR und ihren Verhältnissen entstand erst, als es sie nicht mehr gab. 1990 gründete er noch während seines Studiums der Betriebswirtschaft mit einem Freund die Firma Agromex, die heute in der Chausseestraße 131 ihren Berliner Sitz hat. Sie beschäftigten sich zunächst mit dem Export von Agrarprodukten, daher der Name, der wie eines der Unternehmen aus dem Reich des DDR-Devisenbeschaffers Alexander Schalck-Golodkowski klingt. Dessen Bereich Kommerzielle Koordinierung (KoKo) hatte eine Weile ein Büro in der Etage unter Biermanns Wohnung. Der vermutete dort allerdings eher Stasi-Lauscher.

Doch bald entdeckten die jungen Unternehmer, dass Immobiliengeschäfte auf dem Gebiet der ehemaligen DDR deutlich lukrativer waren, und sattelten um auf Kauf und Sanierung – man nennt es in der Branche gern Entwicklung – von Altbauten, vor allem in Leipzig und Ost-Berlin. Dabei stießen sie häufig auf komplizierte Besitzverhältnisse. Oft ging es um ehemals jüdisches Eigentum, das während der Nazi-Zeit unter Zwang und unter Preis an sogenannte arische Käufer veräußert und später in der DDR verstaatlicht worden war. Rembold spezialisierte sich auf die Verfolgung jüdischer Ansprüche in Restitutionsverfahren nach dem Vermögensgesetz. Danach muss der Besitz möglichst an die ursprünglichen jüdischen Eigentümer zurückgegeben werden – die ihn dann oft an Investoren wie Agromex verkaufen. Doch dafür müssen sie beziehungsweise ihre Erben ausfindig gemacht werden.

»Ich habe mich da richtig reingefuchst«, erzählt Rembold, ein hochgewachsener Mann mit kurzen Stoppelhaaren und einer randlosen Brille vor den wachen Augen, im Besprechungszimmer in der Chausseestraße 131. Die Firmenräume in der zweiten Etage sind in bestem, durchrenoviertem Zustand. Die Fenster haben Schall-

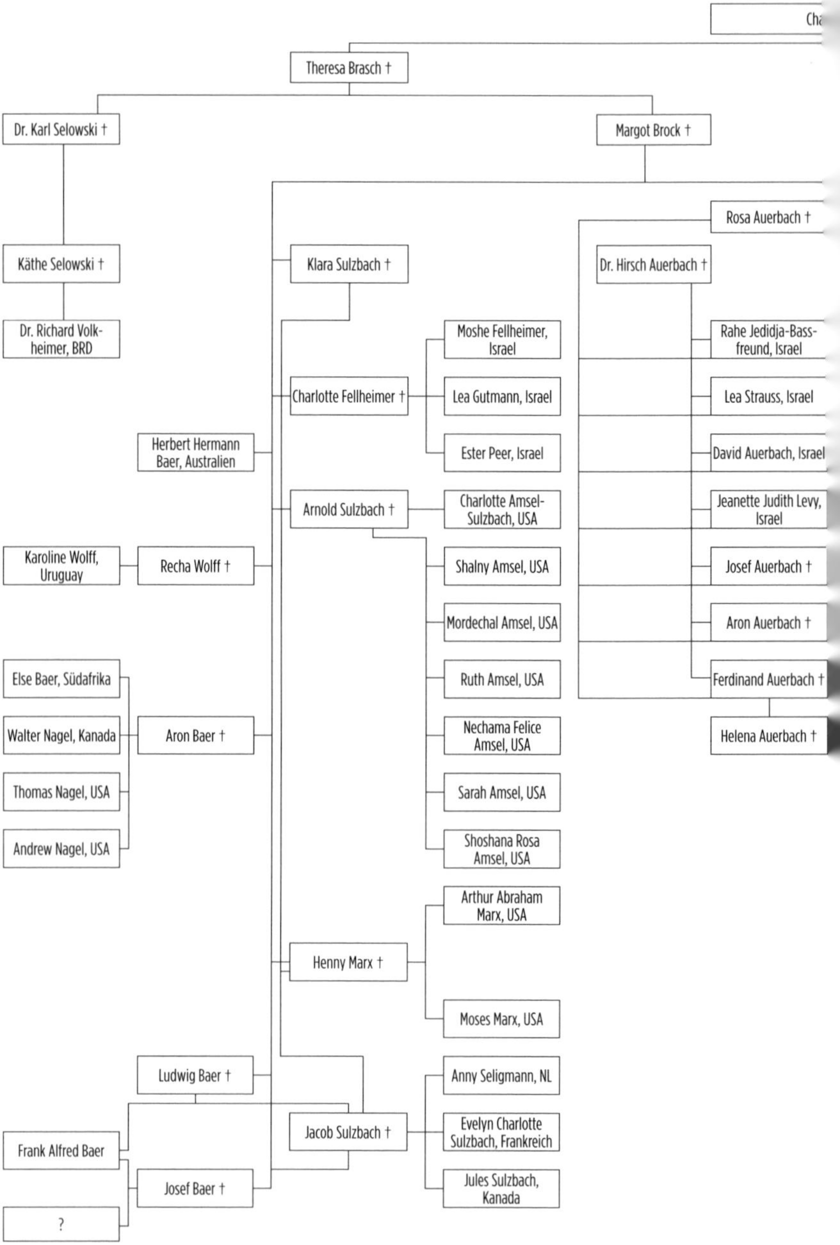
Cha
Theresa Brasch †
Dr. Karl Selowski †
Margot Brock †
Rosa Auerbach †
Käthe Selowski †
Klara Sulzbach †
Dr. Hirsch Auerbach †
Dr. Richard Volk-heimer, BRD
Moshe Fellheimer, Israel
Rahe Jedidja-Bass-freund, Israel
Charlotte Fellheimer †
Lea Gutmann, Israel
Lea Strauss, Israel
Herbert Hermann Baer, Australien
Ester Peer, Israel
David Auerbach, Israel
Arnold Sulzbach †
Charlotte Amsel-Sulzbach, USA
Jeanette Judith Levy, Israel
Karoline Wolff, Uruguay
Recha Wolff †
Shalny Amsel, USA
Josef Auerbach †
Mordechal Amsel, USA
Aron Auerbach †
Else Baer, Südafrika
Ruth Amsel, USA
Ferdinand Auerbach †
Walter Nagel, Kanada
Aron Baer †
Nechama Felice Amsel, USA
Helena Auerbach †
Thomas Nagel, USA
Sarah Amsel, USA
Andrew Nagel, USA
Shoshana Rosa Amsel, USA
Arthur Abraham Marx, USA
Henny Marx †
Moses Marx, USA
Ludwig Baer †
Anny Seligmann, NL
Jacob Sulzbach †
Evelyn Charlotte Sulzbach, Frankreich
Frank Alfred Baer
Josef Baer †
Jules Sulzbach, Kanada
?

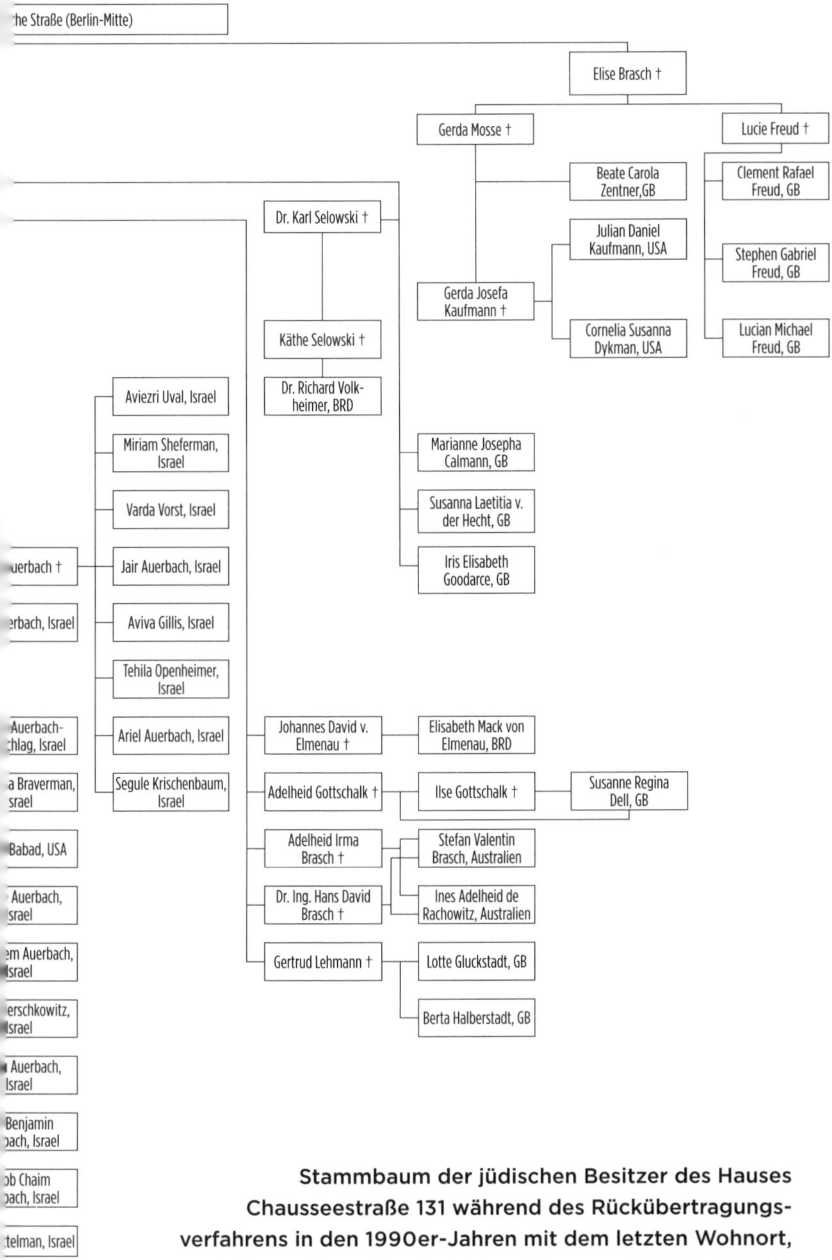

Stammbaum der jüdischen Besitzer des Hauses Chausseestraße 131 während des Rückübertragungsverfahrens in den 1990er-Jahren mit dem letzten Wohnort, erstellt von Franz Rembold. Der Plan war eine Arbeitshilfe und ist daher nicht an allen Stellen schlüssig.

schutzglas, vom Verkehrslärm ist wenig zu hören. »Es gab zwar das Vermögensgesetz mit eindeutigen Regeln, aber es war auch noch vieles unklar. Wie gehe ich ein Restitutionsverfahren an, wie begleite ich das, wie finde ich die Erben, die oft auf der ganzen Welt verstreut sind? Ich habe mich intensiv mit historischer Recherche von Eigentumsverhältnissen beschäftigt. So habe ich herausbekommen, dass dieses Haus in der Chausseestraße auch jüdischer Besitz war, die Erben aber von ihrem Glück gar nichts wussten.«

Bald habe er erfahren, dass das Haus eine besondere, die Biermann-Geschichte hat, sagt Rembold. »Immer wieder kommen ja Leute, die sagen: Wissen Sie eigentlich ...« Doch seine Recherchen haben noch ganz andere Dimensionen deutscher Geschichte aufgedeckt. Es zeigte sich, dass das Haus ein Knotenpunkt prominenter jüdischer Bürger war, die in den 1920er- und Anfang der 1930er-Jahre das gesellschaftliche Leben der Hauptstadt prägten. Vor allem die Namen Mosse und Freud fallen in dem Stammbaum auf, den Rembold zum besseren Verständnis der weit verzweigten Besitz- und Erbenverhältnisse angelegt hat.

Eine Weltkarte jüdischer Schicksale

Mitte der 1930er-Jahre gehörte das 1890 errichtete Mietshaus den jüdischen Schwägerinnen Elise und Therese Brasch, die es von ihren verstorbenen Ehemännern geerbt hatten. Elise und Joseph Brasch hatten drei um die Jahrhundertwende geborene Töchter, von denen zwei in prominente Familien einheirateten: Gerda vermählte sich mit Emil Mosse, einem Neffen des Verlegers Rudolf Mosse. Lucie heiratete den Architekten Ernst Ludwig Freud, einen Sohn Sigmund Freuds. Aus ihrer Ehe ging 1922 Lucian Freud hervor, einer der bedeutendsten Porträtmaler des 20. Jahrhunderts. Sie alle haben nie in der Chausseestraße gewohnt, das Haus war ein Anlageobjekt.

Die feinen Leute lebten damals am Tiergarten, am Kurfürstendamm oder im Charlottenburger Westend. Gabriele Tergit beschreibt diese Gesellschaft in ihrem großen jüdischen Familienroman *Effingers* aufs Trefflichste.

Wie alle Juden, und zumal die aus prominenten Familien, standen die Braschs, die Mosses und die Freuds seit 1933 unter besonderer Beobachtung und Bedrohung durch die Nationalsozialisten. Nach dem 9. November 1938, der Reichspogromnacht, begannen der offene Terror gegen die jüdische Bevölkerung und die gezielte Bereicherung an ihrem Besitz. Aber schon zuvor waren viele gezwungen worden, ihre Immobilien zu veräußern. Elise und Therese Brasch mussten das Haus in der Chausseestraße 131 am 12. Mai 1938 an den Kaufmann Heinrich Knorr verkaufen, der im Erdgeschoss einen Autoteilehandel betrieb. Noch heute wird sein aufwendig gestalteter Werkzeugkatalog aus dem Jahre 1930 antiquarisch gehandelt. Und noch sehr lange existierte der Autozubehörladen in dem Haus. Er wurde in der DDR vom IFA-Kombinat betrieben, das hier Ersatzteile für den Wartburg verkaufte.

Wie sich aus den Unterlagen zum Rückübertragungsverfahren des Berliner Landesamtes zur Regelung offener Vermögensfragen ergibt, betrug der Kaufpreis 270 000 Reichsmark – der 1935 festgelegte steuerliche Einheitswert belief sich auf 320 000 Reichsmark. Daraus lässt sich schließen, dass es sich um einen Zwangsverkauf handelte. »Als Juden gehörten Therese und Elise Brasch zu einem von den Nationalsozialisten kollektiv verfolgten Personenkreis, den der NS-Staat in seiner Gesamtheit aus rassischen Gründen vom kulturellen und wirtschaftlichen Leben Deutschlands auszuschließen beabsichtigte«, heißt es im Bescheid des Landesamtes. »Die Verfolgung durch die Nationalsozialisten war ursächlich für den Vermögensverlust.« Die Behörde setzte einen mindestens 20 Prozent über dem Einheitswert liegenden Verkaufspreis als angemessen an; hier lag er 50 000 Mark darunter.

Der Familie von Elise Brasch, den Mosses und den Freuds, gelang noch 1938 die Ausreise nach Großbritannien. Therese Brasch blieb in Berlin. Sie erhielt im März 1942 ihren Deportationsbescheid nach Auschwitz und nahm sich am 31. März das Leben. »Die Jüdin Brasch hat sich der Abwanderung entzogen«, vermerkte die Gestapo. In der Sentastraße 3 in Friedenau erinnert ein Stolperstein an Therese Brasch. »Flucht in den Tod« ist dort eingraviert.

Franz Rembold hat die ganze verschlungene Geschichte des Hauses und der Nachkommen der ursprünglichen Besitzer recherchiert – es sind an die 100 Erben zusammengekommen, verteilt auf die ganze Welt. Manche leben in Uruguay, in Südafrika, den USA, Kanada, Israel, Australien und Großbritannien – eine Weltkarte deutscher jüdischer Schicksale des 20. Jahrhunderts. Ursprünglich habe ihn allein geschäftliches Interesse geleitet, sagt Rembold im Konferenzzimmer seiner Firma. »Aber dann wird man konfrontiert mit der Geschichte. Ich saß zum ersten Mal den Nachkommen der jüdischen Familien gegenüber. Das ist etwas anderes, als einen Film über diese Zeit anzuschauen oder ein Buch darüber zu lesen.«

Erfolgreich führte er das Projekt zu Ende. Mit Bescheid vom 10. März 2000 übertrug das Landesamt zur Regelung offener Vermögensfragen das Eigentum an dem Haus Chausseestraße 131 an die Erben von Elise und Therese Brasch zurück. Diese traten gleichzeitig ihre Ansprüche an Franz Rembold und seinen Partner ab. Grundlage für die Zahlungen an die Erben war das Wertgutachten einer Anwaltskanzlei. Und wie hoch war die Gesamtsumme? »Das bleibt unser Geschäftsgeheimnis«, sagt Rembold und lacht über die indiskrete Frage.

Auch die Erben des Schnäppchenjägers Heinrich Knorr versuchten nach dem Mauerfall, wieder in den Besitz des Hauses zu gelangen. Die Familie hatte Ost-Berlin 1950 in Richtung Westen verlassen. Im August 1955 übertrug der Magistrat die Liegenschaft in Volkseigentum, bewirtschaftet von der Kommunalen Wohnungsverwaltung Mitte. »Eine Entschädigung für das Grundstück war nicht vorgesehen«, stellte das Landesamt fest, das den Antrag von Knorrs Erben auf Rückübertragung aus naheliegenden Gründen ablehnte. Die damals zu Hauseigentümern gewordene Familie lebte offenbar in genau jener Wohnung in der zweiten Etage mit Blick auf die Hannoversche Straße, die später Wolf Biermann bewohnte. Das ergibt sich aus Erinnerungen von Hanno Harnisch, der wiederum 1990 hier einzog, was, wie noch zu sehen sein wird, für einiges Aufsehen sorgte.

Wem gehört(e) die Biermann-Wohnung?

Jetzt sitzt Harnisch, ein massiger, freundlicher großer Mann, entspannt auf einem roten Samtsofa in seinem Wohnzimmer. Die Einrichtung ähnelt mit den alten Möbeln, den Bücherregalen und Bildern der auf Biermanns Album. Das wurde allerdings im Nachbarzimmer aufgenommen, das jetzt gerade leer geräumt ist. Seit mehr als 30 Jahren wohnen Hanno Harnisch und seine Frau hier. 1990 kamen sie durch einen Wohnungstausch per Zeitungsannonce hierher. Reiner Zufall, wie Harnisch sagt. Den Vormietern, wahrscheinlich Biermanns Nachfolgern, waren die viereinhalb Zimmer auf 190 Quadratmetern zu groß geworden, Harnisch wollte mit seiner neuen Partnerin und den Kindern zusammenziehen. Tauschpartner war ein Ehepaar, das an der Parteihochschule der SED beschäftigt gewesen sei, sie als Köchin, er als Handwerker. Möglicherweise hatte auch die Stasi die Wohnung als Lauschposten benutzt, sie lag genau gegenüber der Ständigen Vertretung der Bundesrepublik. Das ist nochmal ein ganz anderer historischer Bezug dieser Adresse.

Jedenfalls klingelte Anfang der 1990er-Jahre eine alte Dame mit einem ganzen Tross Rechtsanwälten an der Tür und wollte die Wohnung anschauen, erzählt Harnisch und zieht an seiner Zigarette.

Sie stellte sich als Frau Knorr vor, sie habe hier gewohnt. Und außerdem würde ihrer Familie das Haus bald wieder gehören. »Meine Frau ließ sie rein, man lässt eine alte Dame nicht im Hausflur stehen, auch wenn sie sich nicht angemeldet hatte«, sagt Harnisch. »Die Rechtsanwälte mussten aber draußen bleiben.« Sie schaute sich um und freute sich, dass wieder ein Klavier an der gleichen Stelle stand wie einst ihres. Man verabschiedete sich freundlich, doch aus der Rückübertragung wurde nichts. Das Haus blieb erst einmal im Besitz der städtischen Wohnungsbaugesellschaft Mitte (WBM) und die Miete bei etwa 1000 Mark kalt.

Ende 1993 ging die Geschichte durch die Presse, dass der PDS-Sprecher Hanno Harnisch in der alten Biermann-Wohnung lebte. Ausgerechnet Hanno Harnisch, der Sprecher der Nachfolgepartei der SED, die einst Wolf Biermann des Landes verwiesen hatte. War das nicht ein Skandal? Harnisch war in Berlin, vor allem im Osten, bekannt wie ein bunter Hund. Er war zu DDR-Zeiten Moderator beim Jugendsender DT 64 gewesen. Nach dem Mauerfall engagierten Gregor Gysi und Lothar Bisky, die führenden Leute der PDS, den Mann mit der sonoren Stimme, dem Wortwitz und vielen neuen Ideen als Sprecher. Sehr bekannt wurde ein Wahlkampffoto, das Bisky und Gysi im roten Trabi-Cabriolet von Harnisch zeigt, dieser mit Zigarette lässig im Mundwinkel am Lenkrad, eine PDS-Fahne auf der Motorhaube.

Zu jener Zeit stachelten Freunde des nun in Hamburg lebenden Wolf Biermann den Sänger und interessierte Medien mit der Idee auf, Biermann müsse seine alte Wohnung zurückbekommen und Harnisch das Weite suchen. Dieser griff zum Telefonhörer und rief den Mann in Hamburg an. Es sei ein eineinhalbstündiges, schließlich sogar freundliches Gespräch gewesen, erzählt Harnisch. Biermann habe ihm versichert, er wolle gar nicht zurück in die Wohnung. »Er hatte auch gar keinen Mietvertrag mehr, wie behauptet wurde«, sagt Harnisch heute. Des Liedermachers damalige Frau habe vor ihrer

Ausreise die Wohnung 1977 ordentlich gekündigt, und er, Harnisch, bekam einen Vertrag mit der WBM. So verlief die Sache im Sande, bis bekannt wurde, dass Harnisch zu DDR-Zeiten auch für die Stasi aktiv war. Nun empörte Biermann sich doch, der *Spiegel* inszenierte ein quasi öffentliches Zusammentreffen der beiden Männer, das mit Geschrei und Beschimpfungen endete. Harnisch und seine Frau aber blieben.

Hanno Harnisch erinnert sich, dass er schon einmal als Jugendlicher in dieser Wohnung war. Er sollte etwas für seine Mutter abholen. Die Schauspielerin war mit Eva-Maria Hagen befreundet, der damaligen Lebensgefährtin Biermanns und Mutter von Nina Hagen, die hier auch einige Jahre lebte. Er habe Biermann und seine Lieder durchaus bewundert, erzählt Harnisch: »Ich habe alle seine Bücher.« Und irgendwo müsse auch die Chausseestraßen-Platte noch sein. Harnisch schaut sich im Zimmer um, geht sie suchen, plötzlich ruft er: »Da ist sie ja!« Das Album hängt als Bild gerahmt an der Wand, ein Geschenk seiner Tochter. Harnisch ist nicht traurig über den etwas schäbigen Zustand des Hauses, auch seiner Wohnung sieht man an, dass hier länger nichts mehr gemacht wurde. Unter den Fenstern hängen die alten Außenwandgasheizungen, die Biermann einbauen ließ. In den Zimmern stehen aber auch noch die alten grünen Kachelöfen, für den Fall, dass es die betagte Gasheizung einmal nicht tut, was wohl häufiger der Fall ist. »So lange das so ist, bleibt die Miete kommod«, sagt der Linke. Darüber sei er sich mit dem Herrn Rembold einig, der im Übrigen ein freundlicher Mann sei, mit dem er gern ein, zwei Mal im Jahr plaudere.

Wolf Biermann aber hat seinen Frieden mit dem neuen Bewohner seiner alten Wohnung vermutlich erst 1997 gemacht, als er als Fellow des Wissenschaftskollegs für ein Jahr nach Berlin zurückkehrte. Da erst habe er endgültig Abschied genommen und den Mietvertrag schließlich mit einem Gedicht gekündigt, schreibt er in seiner 2016 erschienenen Biografie *Warte nicht auf bessre Zeiten!*.

»Ich fahr nicht an meiner Wohnung vorbei« ist ein wütender Text von echtem Biermannschen Sarkasmus.

Ich fahr nicht an meiner Wohnung vorbei
Hannoversche – Ecke Chausseestraße – nein!
Und glotz nicht zu meinen Fenstern hoch
Im zweiten Stock: ob das Stasischwein
Grad oben steht und sein' Rüssel raushält
Sein Ringelschwänzchen, egal, ob noch
Die Gasheizer dran sind am Fenstersims
Die ich eingebaut hab – und ob ich sie seh
Die Holzklappenziehharmonika, die
Brechts Tischler mir baute, noch am BE
Ob da 'ne Gardine zum Zimmer raus weht
Wo ich meine bunteste graue Zeit
Gelebt hab, ob unten der Text noch dran steht
'ne Tafel, die peinlich die Wahrheit ausschreit
Die meine treuen Freunde schon zwei
Mal abgerissen haben – ich schenk
Mir solche Torturen – nee nee! – ich renk
Mir doch nicht den Hals aus – oh no! no cry! –
Da oben hockt ja keine Loreley
Da stinkt nur ein Leichnam und grinst saudumm
Aus Gregor Gysis Panoptikum
Nee nee! Das lohnt sich nicht, wie es auch sei
Nie fahr ich an meiner Wohnung vorbei

Die Villa am Schwielowsee

Der Zustand des Hauses werde wohl noch ein paar Jahre so bleiben, sagt Rembold. Sie hätten so viel mit anderen Objekten zu tun. Darunter zwei spektakuläre Wohntürme und ein Apartmenthochhaus an der Spree, gleich gegenüber der Molecule-Man-Skulptur. Die Modelle sind in dem Besprechungszimmer ausgestellt. Da müsse das selbst genutzte Haus immer wieder zurückstehen. »Wir bauen und sanieren so viel, da hat es ja auch seinen eigenen Charme, so ein Gebäude einfach einmal so stehen zu lassen«, findet er. Zumal eines mit dieser Geschichte. Bei seinen Recherchen stieß Rembold auf eine weitere Anekdote. In den 1990er-Jahren hat seine Firma die Villa Frank am Schwielowsee gekauft und restauriert – ein architektonisches Juwel der Moderne aus den 1920er-Jahren, entworfen von dem Architekten Ernst Ludwig Freud, dem Ehemann von Lucie Brasch und Schwiegersohn der einstigen Besitzerin der Chausseestraße 131, Elise Brasch. Das entdeckte Rembold erst bei seinen Nachforschungen. Inzwischen wohnt er selbst in der Villa in Geltow, die einst dem jüdischen Bankier Theodor Frank gehörte.

Eines nicht so fernen Tages sei aber auch die Sanierung der Chausseestraße 131 dran, kündigt Rembold an. Bei so einem prominenten Haus in dieser Lage, bei diesem Zustand werde es gewiss nicht bei einer Pinselrenovierung bleiben. »Da geht es um eine Grundsanierung, Aufstockung, Fahrstühle«, sagt der Hausherr. In der Partyszene besitzt die Adresse heute wieder einige Prominenz. Im Erdgeschoss gibt es die kleine, etwas geheimnisvolle 131 Bar der amerikanischen DJane Elizabeth Paige, die sie zu einem Anziehungspunkt des Nachtlebens in Mitte gemacht hat. Das Schaufenster ist mit Plattencovern der Popgeschichte dekoriert. Ganz vorn aber liegt die Hülle von Wolf Biermanns Platte *Chausseestraße 131*.

3
»WER KANN AUSKUNFT GEBEN?«
Das Ende jüdischen Lebens in der Chausseestraße

Das im 19. Jahrhundert aufblühende geistige und wirtschaftliche jüdische Leben Berlins konzentrierte sich auf die Oranienburger Straße, gerade um die Ecke der Chausseestraße, aber auf der anderen Seite der Zollmauer. Das hing auch damit zusammen, dass die Juden bis zum Edikt von 1812, nach dem sie preußische Staatsbürger werden konnten, die Akzisemauer nur durch drei Tore passieren durften: das Rosenthaler und das Prenzlauer Tor im Norden und das Hallesche Tor im Süden. So ließen sich im noch industriell geprägten Norden nur wenige Juden nieder.

Gegen Ende des 19. Jahrhunderts, als zunehmend Mietshäuser gebaut wurden und die Bodenspekulation zu einem lukrativen Geschäft avancierte, wurde die Chausseestraße als Anlage- und Wohngegend auch für jüdische Berliner interessant. Beispielhaft ist dafür das Mehrfamilienhaus Chausseestraße 6, das sich seit den 1890er-Jahren im Besitz des jüdischen Ehepaares Wilhelm und Clara Bach befand. Anders als das in der Chausseestraße 131, gar nicht weit entfernt auf der anderen Straßenseite, war es kein Anlageobjekt für Wohlhabende, sondern die Bachs lebten dort mit ihren drei Kindern Sophie, Kurt und Edith. Die 1892 in der Chausseestraße geborene Sophie machte eine Ausbildung zur Krankenschwester und heiratete 1915 den aus der Region Posen stammenden jüdischen Rechtsanwalt Martin Happ. Ab 1920 lebten die Happs in Schönebeck an der Elbe, wo Martin Happ ein Anwaltsbüro eröffnete und sich in der SPD engagierte. Die Familie hatte zwei Kinder, Wolfgang und Vera. Schon bald nach der Machtübernahme der Nationalsozialisten wurde Happ drangsaliert, wie die NS-Forscherin Janna Lölke bei ihren Recherchen für die Koordinationsstelle Stolpersteine herausgefunden hat. Ab September 1933 durfte er nicht mehr als Notar arbeiten. Im November 1934 verlor er auch seine Zulassung als Rechtsanwalt.

Die Familie zog daraufhin nach Berlin und kam zunächst bei Sophies Mutter in der Chausseestraße 6 unter. Später lebten sie vorübergehend in der damaligen Jagowstraße 1 bis 3 in Grunewald bei Eva Weinmann, der Witwe eines wohlhabenden jüdischen Geschäftsmanns. Martin Happ, der infolge einer Erkrankung das Gehör verloren hatte und an Gleichgewichtsstörungen litt, erhielt Invalidenrente. Das Ehepaar Happ bemühte sich verzweifelt um Visa, um vor der zunehmenden Verfolgung durch die Nationalsozialisten zu fliehen. Sie wollten nach England emigrieren, wohin die beiden Geschwister von Sophie Happ bereits ausgewandert waren. Ohne entsprechende Sprachkenntnisse und ohne Aussicht auf eine Anstellung für Martin Happ bekamen sie jedoch keine Genehmigung für die Einreise. Es gelang ihnen aber wenigstens, ihre beiden Kinder außer Landes zu bringen, recherchierte Lölke. Die Tochter Vera kam 1939 mit einem Kindertransport nach England. 1940 starb sie aber in Cardiff an einer Meningitis-Erkrankung. Der Sohn Wolfgang gelangte über Italien nach England und später nach Kanada und in die USA, wo er sich als Arzt niederließ.

Sophie Happs Elternhaus in der Chausseestraße 6 wurde 1939 »arisiert«. Die drei Geschwister, die es nach dem Tod der Mutter 1936 gemeinsam geerbt hatten, wurden gezwungen, es unter Wert an »arische« Interessenten zu verkaufen. Zum Zug kam dabei eine Margarete Winterfeldt, die laut Berliner Adressbuch von 1943 in der damaligen Standartenstraße 7 (heute Herbert-von-Karajan-Straße) wohnte, in der Nachbarschaft des Schriftstellers und Nazi-Gegners

Carl Zuckmayer, der 1938 in die Schweiz floh. Die Eintragung der neuen Eigentümerin ins Grundbuch erfolgte erst am 19. Dezember 1941. Den bisherigen Besitzern überließ sie immerhin noch eine Wohnung im Haus.

Der Vermögenserklärung zufolge, die das Ehepaar Happ bei der Gestapo abgeben musste, zogen sie 1941 wieder in die Chausseestraße zurück und bewohnten dort eine Drei-Zimmer-Wohnung, in die sie ein jüdisches Paar als Untermieter aufnahmen. Am 4. März 1943 wurden Sophie und Martin Happ von der Gestapo in ihrer Wohnung verhaftet und noch am selben Tag in das KZ Auschwitz deportiert, wo sie schließlich ermordet wurden.

Wie dem beim Amtsgericht Mitte geführten Grundbuch für das Grundstück Chausseestraße 6 zu entnehmen ist, wurde es nach dem 8. Mai 1945 zunächst als entzogenes ehemals jüdisches Vermögen erfasst und durch den Treuhänder der Alliierten »in Verwaltung genommen«. Zum 1. Januar 1981 verfügte der Ost-Berliner Magistrat auf Antrag des Stadtbezirks Mitte die Übertragung in Volkseigentum. Das mit einem Zeitwert von 52 054 DDR-Mark bezifferte Grundstück von 931 Quadratmetern kam samt Gebäude mit 33 Wohn- und zwei Gewerbeeinheiten in die Obhut des VEB Kommunale Wohnungsverwaltung Berlin-Mitte – und nach der Wiedervereinigung Berlins in die der landeseigenen Wohnungsbaugesellschaft Berlin-Mitte (WBM). Angesichts des inzwischen recht maroden Zustandes nahm das Land Berlin das Objekt 1990 in sein Zuwendungsprogramm auf und veranlasste eine umfassende Sanierung und Modernisierung zu Kosten von 2,6 Millionen DM.

Parallel dazu betrieben die Nachkommen der ursprünglichen Eigentümer Wilhelm und Clara Bach die Rückübertragung des Grundstücks: der in die USA emigrierte Enkel Wolfgang sowie die in England lebenden Söhne ihrer 1975 gestorbenen Tochter Edith. Wie aus den dem Grundbuch angefügten Unterlagen des Landesamtes zur Regelung offener Vermögensfragen (LARoV) hervorgeht,

Stolpersteine für Sophie und Martin Happ in der Chausseestraße vor der Hausnummer 6

hatten sie das Haus am 3. Oktober 1939 für 180 000 Reichsmark an Margarete Winterfeldt verkaufen müssen, von der sie nach Abzug diverser Hypotheken 64 985 Reichsmark erhalten sollten. Der Verkauf folgte der Nazi-Verordnung über den Einsatz jüdischen Vermögens, der Kaufpreis lag fast 30 000 Mark unter dem steuerlichen Einheitswert von 1935. Nach den Regeln des Vermögensgesetzes wäre ein mindestens 20 Prozent über diesem Wert liegender Preis angemessen gewesen. Daher stellte das LARoV per Bescheid vom 4. August 1995 fest: »Die Verfolgung durch die Nationalsozialisten war ursächlich für den Vermögensverlust«, und ordnete die Rückübertragung des Grundstücks an die Erben der Familie Bach an. Entsprechende Anträge aus der Familie der Käuferin Winterfeldt, die ihre Ansprüche schon gleich 1990 angemeldet hatte, wies es mit demselben Bescheid ab.

Inzwischen ist die Geschichte der Familie Bach in der Chausseestraße nach mehr als 120 Jahren zu Ende gegangen. Die Erben haben das Haus 2019 an ein Immobilienunternehmen verkauft, das die Miet- in Eigentumswohnungen umgewandelt und einzeln veräußert hat. Nur zwei stets polierte Stolpersteine vor dem schlichten Gründerzeitbau erinnern an das Schicksal von Martin und Sophie Happ, geborene Bach.

Flucht aus dem Sammellager der SS

In der Chausseestraße gibt es zwei weitere Stolpersteine für ermordete Juden, die hier gelebt hatten. Im Haus Nummer 117 wohnten Siegfried und Gerda Lesh. Siegfried Lesh war als Hilfsarbeiter in der Blindenwerkstatt Otto Weidts beschäftigt, bis das Ehepaar am 6. März 1943 während der »Fabrik-Aktion« der Nazis festgenommen, nach Auschwitz-Birkenau deportiert und dort ermordet wurde.

Auch an Paula Mroz erinnert seit 2011 ein Stolperstein in der Chausseestraße 45. Über ihren Lebenslauf ist bislang nur bekannt, dass sie am 24. Oktober 1941 in das Ghetto Litzmannstadt (Łódź) deportiert und im Vernichtungslager Kulmhof (Chełmno) im besetzten Polen ermordet wurde.

Ein Stolperstein für Eugenie Isaac in der Wilmersdorfer Fasanenstraße 45 verweist schließlich auf die einflussreiche jüdische Berliner Familie Isaac, deren Oberhaupt Kommerzienrat Julius Isaac in der Chausseestraße 121 eine Fischbeinfabrik besaß, in der Korsettstangen und Ähnliches produziert wurden. Auf dem Grundstück entstand später ein Wohn- und Geschäftshaus, in dem die Brüder Liebknecht ihre Anwaltspraxis hatten, die 1916 Gründungsort des Spartakusbundes war. Das Haus wurde im Zweiten Weltkrieg zerstört.

Wer kann Auskunft geben über meinen Vater
Martin (Moses) Rosenthal,
geb. 12. 10. 1869 zu Schlochau, Westpr., deportiert am 28. 7. 1942 nach Theresienstadt. Transport Nr. 02815, meine Geschwister
Leo Emanuel u. Frau Grete, verw. Baruch, geb. Rosenthal,
deportiert am 27. 2. 1943 von Siemens bzw. von der Bahn, meine Nichte
Eva-Mirjam Baruch,
geb. am 3. 7. 1924, ebenfalls deportiert am 27. 2. 43 von Siemens. Alle zuletzt wohnhaft Berlin N 4, Chausseestraße 36.
Nachrichten erbeten an
Lilli Steup, geb. Rosenthal,
Berlin-Steglitz, Siemensstr. 77.

Suchanzeige in der Zeitung »Der Weg« vom 19. Juli 1946

Der Weg einer jüdischen Großfamilie, die in den 1930/40er-Jahren in der Chausseestraße 36 lebte, ist vor allem durch private Recherchen ihrer Nachkommen dokumentiert worden. Kern dieser Familie waren Daniel und Bertha Baruch, die hier ein Eisenwarengeschäft führten und in der Wohnung darüber lebten. Die Baruchs waren orthodoxe Juden, Daniel ehrenamtlicher Geschäftsführer des Israelitischen Religionsvereins in der Oranienburger Vorstadt. Der Verein widmete sich der Pflege orthodoxer Gottesdienstriten. Die Baruchs besuchten eine jüdische Betstube gleich um die Ecke, in der Liesenstraße 3. Im *Berliner Adreßbuch* von 1933 ist sie sogar als Synagoge eingetragen, die sich jedoch nicht im Verzeichnis der Jüdischen Gemeinde findet.

Als 1936 Baruchs Sohn Bernhard starb, zog dessen Witwe Grete mit Tochter Mirjam und einem Pflegesohn zu den Schwiegereltern in die Chausseestraße 36. In einer Wohnung im Hinterhaus kam ihr Vater Moses Rosenthal unter. Grete freundete sich mit dem im selben Haus wohnenden Leo Emanuel an und heiratete ihn. Moses Rosenthal wurde im August 1942 als erstes Familienmitglied nach Theresienstadt deportiert, wo er im September starb. Im Februar 1943 wurden Grete und Mirjam Baruch sowie Leo Emanuel nach Auschwitz verschleppt und dort ermordet. Allein Gretes 1906 geborener jüngerer Schwester Lilli Steup gelang es 1943, aus dem Sammellager der SS in der Levetzowstraße zu fliehen, von wo aus sie ebenfalls deportiert werden sollte. Sie konnte in Berlin untertauchen und überlebte in der Wohnung eines Bekannten, der sie versteckte. Nach dem Krieg suchte sie unter anderem mit Anzeigen nach dem Verbleib ihrer Angehörigen, bis sie Auskunft über deren Tod in den Konzentrationslagern erhielt.

Über das Schicksal von Daniel und Bertha Baruch gibt es in den zugänglichen Archiven, etwa von Yad Vashem und der Berliner Jüdischen Gemeinde, keine Informationen.

4
»DA LIEGT ALLERHAND GROSSE LEUTE«
Die berühmten Friedhöfe

Eine frische Rose schmückt das Grab von Helene Weigel. Ein freundlicher Gruß in den trüben Herbsttagen des Jahres 2020, kurz nach Totensonntag. Gleich nebenan liegt die letzte Ruhestätte ihres Mannes Bertolt Brecht. An seinem Grab hat jemand ein kleines, schon etwas verwittertes Holzkästchen hinterlassen. Darin findet sich ein Blatt mit dem Text der »Resolution der Kommunarden«, den Brecht 1934 im dänischen Exil geschrieben hat. Er beginnt mit den berühmten Worten »In Erwägung …« und ist eine Hymne auf die Pariser Kommune. Vertont von Hanns Eisler – der nicht weit entfernt ebenfalls seine letzte Ruhestätte fand –, ist er zu einem festen Bestandteil vieler Bühnenprogramme mit Werken des Dichters geworden.

Vielleicht ist es das Lieblingsstück eines Brecht-Verehrers, der es hier platziert hat. Die Spuren an den Gräbern von Brecht und Weigel zeigen, wie lebendig es auf dem Dorotheenstädtischen Friedhof an der Chausseestraße zugeht. Wie Besucherinnen und Besucher mit den Toten kommunizieren. Vielleicht schlagen dann manche auch einen Bogen an den Gräbern von Ruth Berlau und Elisabeth Hauptmann vorbei, zwei engen Mitarbeiterinnen und Geliebten Brechts, die dem Meister auch im Tod nicht von der Seite gewichen sind.

Ein Freilichtmuseum der Berliner Geschichte und Denkmalkunst

Der Dorotheenstädtische ist der berühmteste der heute noch erhaltenen sechs Friedhöfe, die im 18. Jahrhundert vor der Akzisemauer angelegt wurden. Grundlage war eine Kabinettsorder Friedrich Wilhelms I. Der Soldatenkönig befahl 1717 aus Gründen des Platzmangels und der Hygiene, alle Friedhöfe innerhalb der Stadt aufzuheben und die Toten fortan außerhalb zu begraben. An den Dorotheenstädtischen Friedhof grenzt unmittelbar der Friedhof der Hugenotten, offiziell der 1. Französische Friedhof. Letzterer besitzt einen eigenen Eingang an der Chausseestraße, aber sie sind durch ein Tor miteinander verbunden und bilden gemeinsam das bedeutendste erhaltene und noch genutzte Friedhofsensemble Berlins aus dem 18. Jahrhundert.

Nur etwa einen Kilometer die Chausseestraße hinauf liegen ein wenig abseits vier weitere, einige Jahrzehnte später angelegte Gräberfelder – der Neue Dorotheenstädtische Friedhof und der Französische Friedhof II sowie der Domfriedhof und der St.-Hedwig-Friedhof. Sie gehen zum Teil ineinander über, mitten hindurch führt die Liesenstraße. In der Zeit der Teilung Berlins lagen sie im Grenzgebiet unmittelbar an der Mauer. Manche Grabfelder waren für Besucher gar nicht, andere nur mit Sondergenehmigung und auf Umwegen zu erreichen.

Doch kehren wir zurück auf den Dorotheenstädtischen Friedhof. Er ist obwohl eigentlich ein Ort der Vergänglichkeit, auch eine Oase der Ruhe und Beständigkeit in diesem lauten, von Umbrüchen geprägten Stadtviertel. Ein Freilichtmuseum der Berliner Geschichte und der Denkmalkunst, dazu ein Prominentenfriedhof, der seinesgleichen sucht in Deutschland, die größte Attraktion der Chausseestraße. Während viele der etwa 260 Begräbnisplätze Berlins unter mangelnder Nachfrage leiden, ist es nicht so einfach, auf dem Dorotheenstädtischen Friedhof eine Grabstelle zu erlangen. Klar ist, dass in erster Linie Gemeindemitglieder hier bestattet werden. Seit DDR-Zeiten hat sich aber auch eine Art Gewohnheitsrecht der Akademie der Künste etabliert, für Mitglieder einen Begräbnisplatz beanspruchen zu können. Das regeln Akademie und Gemeinde diskret untereinander. Gerüchten, dass auch großzügige Spenden hilfreich sein könnten, wird entschieden widersprochen. Allerdings sieht es die Friedhofsverwaltung schon gern, wenn ein Bewerber, eine Bewerberin oder deren Angehörige den Unterhalt eines der herrenlos gewordenen historischen Gräber übernehmen. Das ist umso willkommener, seit der großstädtische Vandalismus auch vor Friedhofsmauern keinen Halt mehr macht. Sprayerattacken, Verwüstungen und Grabraub, all das kommt auch hier vor.

Seit 1770 werden hier Menschen bestattet. Ein Gang über den Friedhof kommt einem Gang durch 250 Jahre Kulturgeschichte gleich, konzentriert auf ein Gebiet von 17 000 Quadratmetern. In den ersten Jahren wurden hier wegen des entlegenen, schlecht beleumdeten Ortes meist Bürger aus ärmeren Schichten bestattet. Das änderte sich mit der Zeit, denn im Gebiet der beiden zuständigen innerstädtischen Kirchengemeinden – neben der Dorotheenstädtischen die Friedrichswerdersche Gemeinde – lagen die Wirkungsstätten vieler Gelehrter und Künstler. Dazu zählten die Berliner Universität, die Akademien der Künste und der Wissenschaften, die Sing- und die Bauakademie. Stellvertretend seien für diese Phase der Baumeister Karl Friedrich Schinkel, die Philosophen Georg Wilhelm Friedrich Hegel und Johann Gottlieb Fichte, der Bildhauer Johann Gottfried Schadow oder der preußische Reformer und Finanzminister Friedrich von Motz genannt, die hier ihre letzte Ruhe fanden. Mit der Prominenz der Bestatteten gewann die bildhauerische und architektonische Gestaltung der Grabmale immer mehr Bedeutung. So finden Besucherinnen und Besucher hier eine Schau der Berliner Bildhauerschule des 19. Jahrhunderts, aber auch herausragende Beispiele schlichter künstlerischer Grabgestaltung unserer Zeit. Auch der Wandel der Chausseestraße in den vergangenen 150 Jahren spiegelt sich in den bestatteten Persönlichkeiten und ihren Grabmalen. Nun gab es Prominente aus der Nachbarschaft, wie die Industriellen Louis Schwartzkopff und August Borsig, die sich auf dem Dorotheenstädtischen zur letzten Ruhe betten ließen. Ihre tempelartigen Grabstätten liegen auf gleicher Höhe wie die Standorte ihrer einstigen Fabriken jenseits der Friedhofsmauer, auf der anderen Seite der Chausseestraße.

Die Möwe unter den Friedhöfen

Ähnliches gilt rund 100 Jahre später für Helene Weigel und Bertolt Brecht. Sie haben nach der Rückkehr aus dem Exil direkt nebenan gelebt, mit Blick auf den Friedhof. »Ich wohne jetzt an der Chausseestraße, neben dem ›französischen‹ Friedhof, auf dem Hegel und Fichte liegen, meine Fenster gehen alle auf den Friedhofpark hinaus. Er ist nicht ohne Heiterkeit«, schrieb Brecht 1954 an den Verleger Peter Suhrkamp. Brecht verwechselte allerdings den Französischen Friedhof mit dem Dorotheenstädtischen, aber sie liegen ja auch direkt nebeneinander, nur von einer Ziegelmauer getrennt und durch ein stets geöffnetes Tor verbunden.

Wolf Biermann, Nachbar der Friedhöfe auf der anderen Seite, hat für sein 1972 erschienenes Album *Warte nicht auf beßre Zeiten* ein Lied über einen Friedhofsbummel geschrieben, das die Atmosphäre einfängt:

Der Hugenottenfriedhof (1969)

Wir gehn manchmal zwanzig Minuten
Die Mittagszeit nicht zu verliern
Zum Friedhof der Hugenotten
Gleich hier ums Eck spaziern
Da duftet und zwitschert es mitten
Im Häusermeer blüht es. Und nach
Paar wohlvertrauten Schritten
Hörst du keinen Straßenkrach

Wir hakeln uns Hand in Hand ein
Und schlendern zu Brecht seinem Grab
Aus grauem Granit da, sein Grabstein
Passt grade für Brecht nicht schlecht
Und neben ihm liegt Helene
Die große Weigel ruht aus
Von all dem Theaterspielen
Und Kochen und Waschen zu Haus

Dann freun wir uns und gehen weiter
Und denken noch beim Küssegeben:
Wie nah sind uns manche Tote, doch
Wie tot sind uns manche, die leben

Wir treffen das uralte Weiblein
Das harkt da und pflanzt da und macht
Und sieht sie uns beide kommen
Dann winkt sie uns ran und lacht

Die Alte erzählt uns von Achtzehn
Novemberrevolution:
»Hier schossen sich die Spartakisten
Mit Kaiserlichen, die flohn!
Karl Liebknecht und Luxemburg Rosa
– so muss es den Menschen ja gehn! –
Lebendig und totgeschlagen
Hab ich sie noch beide gesehn!
Als ich noch ein junges Ding war
– ich bin ja schon viel zu alt! –
Von hier bis zur Friedrichstraße
War alles noch dichter Wald«

Dann freun wir uns und gehen weiter
Und denken noch beim Küssegeben:
Wie nah sind uns manche Tote, doch
Wie tot sind uns manche, die leben

Da liegt allerhand große Leute
Und liegen auch viel kleine Leut
Da stehn riesengroße Platanen
Dass es die Augen freut
Wir gehn auch mal rüber zu Hegel
Und besuchen dann dicht dabei
Hanns Eisler, Wolf Langhoff. John Heartfield
Wohnt gleich in der Nachbarreih'

Von Becher kannst du da lesen
Ein ganzes Gedicht schön in Stein
Der hübsche Stein da aus Sandstein
Ich glaub, der wird haltbarer sein

Die Sonne steht steil in den Büschen
Die Spatzen jagen sich wild
Wir halten uns fest und tanzen
Durch dieses grüne Bild

Dann freun wir uns und gehen weiter
Und denken noch beim Küssegeben:
Wie nah sind uns manche Tote, doch
Wie tot sind uns manche, die leben

Biermann erwähnt nur einen Bruchteil der an der Chausseestraße ruhenden DDR-Intellektuellen. Aber auch daraus wird deutlich, dass der Friedhof über die Jahrzehnte eine letzte Heimstatt linker Intellektueller geworden ist, die im zweiten deutschen Staat lebten und arbeiteten. Die Schriftstellerinnen Anna Seghers und Christa Wolf gehören dazu wie ihr Kollege Stephan Hermlin, der Dramatiker Heiner Müller und der Wirtschaftshistoriker Jürgen Kuczynski. Neben John Heartfield ist sein Bruder Wieland Herzfelde bestattet. Der Autor Heinrich Mann starb 1950 im amerikanischen Exil, kurz bevor er der Berufung zum ersten Präsidenten der Ost-Berliner Deutschen Akademie der Künste folgen konnte. 1961 wurde auf dem Friedhof seine Urne beigesetzt. So kamen Brecht und Mann wieder zusammen, die sich während ihrer Flucht vor den Nationalsozialisten in Kalifornien begegnet waren. Die Schauspielerin und international gefeierte Interpretin von Brecht-Weill-Chansons Gisela May ruht nicht weit entfernt vom Schöpfer der *Mutter Courage*, die sie fast 15 Jahre am Berliner Ensemble verkörpert hat. Sie wohnte ganz in der Nähe am Ende der Friedrichstraße und verstarb 2016 im Alter von 92 Jahren.

Auch manche Intellektuelle, die sich mit der SED überworfen und die DDR verlassen hatten, kehrten nach dem Mauerfall zur letzten Ruhe hierher zurück, wie der Literaturwissenschaftler Hans

Mayer, der Regisseur Adolf Dresen, der Philosoph Rudolf Bahro, die Bürgerrechtlerin Bärbel Bohley.

In dem 1997 erschienenen Buch *Der verborgene Brecht* schreibt Michael Rutschky: »So bildet der Dorotheenstädtische Friedhof, wie es sich gehört, einen der Orte der Stadt, wo die Stadt verlassen werden kann. Hier gelangst Du in die Gesellschaft ihrer großen Toten, Hegel und Fichte, Hufeland und Schinkel, Stüler und Borsig. Und in die Gesellschaft derer, die dies Pantheon vergrößern wollten um die großen Toten der DDR, Brecht und Weigel, Becher und Dessau, Eisler und Heinrich Mann. Aber jetzt ist die DDR gestorben, und so gelangst Du hier auch in die Geschichte ihrer begrabenen Hoffnungen.«

Brecht hatte die Entwicklung des Friedhofs zu einem letzten Treffpunkt der so vielfältigen kulturellen Szene der frühen DDR vorhergesehen und womöglich sogar beeinflusst. In der Anekdotensammlung *Geschichten vom Herrn B.* heißt es: »Nach seiner Heimkehr in die Hauptstadt verkehrte Herr B. eine Zeitlang in einem Künstlerklub, der nach einem Seevogel ›Die Möwe‹ genannt worden war. Da man nur auf Empfehlung eines anderen hineinkommen konnte, wurde das Lokal zum Sammelpunkt. Auf dem Friedhof, neben dem Herr B. wohnte, entdeckte er die Gräber der Philosophen Johann Gottlieb F. und Georg Wilhelm Friedrich H. ›Da werde ich mich beerdigen lassen‹, sagte Herr B., ›und das wird Schule machen. Ein Kollege nach dem anderen wird mir folgen. Das wird dann die Möwe unter den Friedhöfen sein.‹«

Er hat recht behalten: Bis heute übt der Friedhof eine besondere Anziehungskraft aus auf viele, die nicht der DDR als Staat nachtrauern – aber doch jenem Versuch, hier eine alternative Gesellschaftsordnung aufzubauen zu der, die Deutschland in die Katstrophen des 20. Jahrhunderts geführt hat. So ist es kein Zufall, dass auch Herbert Marcuses Grab hier zu finden ist, einer der wichtigsten Intellektuellen der westdeutschen 68er-Bewegung. Auf seinem

Grabstein steht »weitermachen«, eine Botschaft an die Lebenden. Ganz in der Nähe ist Fritz Teufel begraben, eine der schillerndsten Figuren der Studentenbewegung. Ein winziges Fahrrad lehnt an seinem Grabstein – weil der 2010 gestorbene Politaktivist zuletzt als Fahrradkurier gearbeitet hatte. Auf dem Stein ist sein berühmter Ausspruch zu lesen: »Wenn's der Wahrheitsfindung dient«. So hatte er 1967 bei einem Prozess die Aufforderung kommentiert, vor dem Richter aufzustehen. Der Schalk verließ ihn auch nach seinem Tod nicht. Kurz nach seiner Beisetzung im Sommer 2010 wurde sein Grab aufgebrochen und die Urne entwendet. Sie fand sich wenige Tage später wieder – am Grab von Rudi Dutschke in Dahlem, einem anderen Kopf der 68er-Bewegung. Auf einem Zettel unter der Urne stand: »Was ein teuflischer Spaß, Rudi Dutschke hätte das gefallen«. Fritz Teufel vermutlich auch.

Mit Johannes Rau und Egon Bahr wählten auch zwei prominente Sozialdemokraten den Dorotheenstädtischen Friedhof als letzte Ruhestätte. Beide waren Politiker mit einem besonderen Verständnis für die Wirrungen und Irrungen der jüngeren deutschen Geschichte, die sich auf diesem Friedhof wie an kaum einem anderen Ort verdichten. Dazu zählt auch der Gedenkstein für eine Gruppe von Widerstandskämpfern, die wegen ihrer Kontakte zu den Attentätern vom 20. Juli 1944 auf Adolf Hitler inhaftiert worden waren. Sie wurden in der Nacht vom 22. auf den 23. April 1945 von einem SS-Kommando erschossen und auf diesem Friedhof bestattet. Der Stein erinnert auch an die Widerstandskämpfer Dietrich Bonhoeffer, Justus Delbrück und Hans von Dohnanyi, deren Gräber unbekannt sind.

Erst 1993 ist der Dorotheenstädtische Friedhof in seiner Gesamtheit unter Denkmalschutz gestellt worden. Seither wurden zahlreiche Grabstätten denkmalgerecht instandgesetzt. Das Konzept des damit beauftragten Berliner Architekturbüros Nedelykov Moreira sieht auch eine Weiterentwicklung des Gesamtensembles vor. Dazu gehörte der Neubau eines Dienstgebäudes mit einer integrierten schlichten Urnenwand im Süden des Geländes entlang der Hannoverschen Straße. Für Besucher sehr interessant sind die Sanierung und Umgestaltung der Kapelle und des Verwalterhauses, des sogenannten Totengräberhäuschens, an denen man auf dem Hauptweg von der Chausseestraße vorbeikommt. Die Sanierung der Kapelle verbanden die Architekten mit der Neugestaltung des Innenraums, der nun von einer Lichtinstallation des amerikanischen Künstlers James Turrell bestimmt wird. »Vergleichbar der gotischen Kirchenarchitektur sind die von Turrell geschaffenen Räume nicht im herkömmlichen Sinn beleuchtet – sie sind vielmehr von Licht und Farbigkeit erfüllt«, heißt es in einer Darstellung des Evangelischen Friedhofsverbandes. »James Turrell verhilft mit seinem künstlerischen Lichtkonzept für die Kapelle des Dorotheenstädtischen Friedhofs zu einem vertieften Verständnis christlicher Auferstehungshoffnung.« Sehr weltlich ist hingegen die Sanierung des Totengräberhäuschens gleich nebenan geraten, in dem nun ein Café mit Sommerterrasse Spazierende und Trauergesellschaften empfängt.

Wie jeder große Friedhof hat auch der Dorotheenstädtische seine regelmäßigen Besucher und Besucherinnen, die man hier häufig antreffen und ansprechen kann, wenn man etwa den Weg zu einem bestimmten Grab sucht. Das gilt auch für Ronald B. Smith, den man an seiner Baskenmütze erkennt, wenn er gerade wieder eine Gruppe über den Friedhof führt. Der Amerikaner versieht dieses Ehrenamt seit einigen Jahren mit detaillierter Kenntnis, viel Humor und lauter Stimme. Er ist inzwischen durch Berichte im Internet und gedruckte Medien zu einem Original geworden, nach dem Touristen gezielt suchen.

Im Schatten des großen Nachbarn

Von der Chausseestraße aus gesehen, liegt der Französische Friedhof vor dem der Dorotheenstädtisch-Friedrichswerderschen Gemeinden, mit eigenem Eingang. Er mag zwar den attraktiveren Namen führen, doch befindet er sich immer ein wenig im Schatten des großen Nachbarn. Das liegt nicht nur an den Größenverhältnissen, sondern vor allem an der Prominenz der nebenan Begrabenen. Der Friedhof der Nachkommen der Hugenotten, die Ende des 17. Jahrhunderts dank eines Edikts von Potsdam nach Brandenburg und Berlin gelangten, wurde 1780 angelegt. Zuvor musste die Französisch-reformierte Gemeinde ihren Kirchhof am heutigen Gendarmenmarkt aufgeben. Viele Gräber der Anfangszeit wurden später eingeebnet und neu belegt. Das gilt auch für das des Kupferstechers Daniel Chodowiecki (1726–1801), der 1797 Direktor der Preußischen Akademie der Künste geworden war. Das Grab wurde erst Anfang der 1930er-Jahre wieder hergerichtet und trägt einen Findling, dessen bearbeitete Vorderseite an eine Sonnenscheibe erinnert.

Während der Nachbarfriedhof als letzte Ruhestätte vieler Kulturschaffender der DDR berühmt ist, liegt einer ihrer bekanntesten Erzähler, Klaus Schlesinger, auf dieser Seite der Trennmauer. Schlesinger gehörte zu den Unterstützern der Proteste gegen die Ausbürgerung Wolf Biermanns. Er wurde aus dem Schriftstellerverband der DDR ausgeschlossen und siedelte nach West-Berlin über, durfte aber seinen DDR-Pass behalten. Er empfand sich zeitlebens als Zerrissener und schrieb in seinem 1990 erschienenen Buch *Fliegender Wechsel:* »Ich bin alles halb. Halb Ost, halb West, halb Mieter, halb Besetzer, halb Schriftsteller, halb politischer Akteur, halb Familienvater, halb Alleinlebender.« Er starb 2001.

Auch zahlreiche vor allem in der DDR prominente Schauspieler sind auf diesem Friedhof begraben, darunter Jenny Gröllmann, die Mutter der Schauspielerin Anna Maria Mühe, und Eberhard Esche.

In der Kirche St. Thomas von Aquin im Hof des Ensembles Chausseestraße/ Hannoversche Straße

Erich Böhme, langjähriger *Spiegel*-Chefredakteur, ab 1990 Herausgeber der *Berliner Zeitung* und Moderator von *Talk im Turm*, sowie der ZDF-Journalist Gustav Trampe haben hier ebenfalls ihre letzte Ruhestätte gefunden.

Während sich auf den beiden Friedhöfen mehr als 250 Jahre Berliner Geschichte nachvollziehen lassen, ist die historische Kontinuität jenseits der südlichen Friedhofsmauer ganz anderer Art. 1777 überließ König Friedrich II. der St.-Hedwig-Gemeinde ein 7000 Quadratmeter großes Gelände, um den ersten katholischen Friedhof Berlins nach der Reformation anzulegen. Genau 100 Jahre nutzte die katholische Kirche diesen Begräbnisplatz, bis sie lukrativere Pläne für das einst vom König geschenkte Grundstück mitten in der von der Steuermauer befreiten, aufstrebenden Gegend in der Oranienburger Vorstadt hatte: Wohnungs- und Gewerbebau.

Das Gelände ist bis heute im Besitz der Kirche, die dort in den 1990er-Jahren im Zuge eines Architektenwettbewerbs einige erhaltene alte Gebäude mit Neubauten zu einem großzügigen Ensemble zwischen Chausseestraße und Hannoverscher Straße verbinden ließ, den Katholischen Höfen. Einen besonderen architektonischen Akzent setzt die Kirche St. Thomas von Aquin, ein für das 21. Jahrhundert höchst seltener Gotteshausneubau in der deutschen Hauptstadt. Der von der Chausseestraße aus nicht zu sehende rechteckige Kubus aus geschichteten sandfarbenen Granitplatten umschließt einen neun Meter hohen, schlicht gehaltenen Kirchenraum ohne Fenster, in den aber durch 2000 unregelmäßig in die Granitwand eingelassene Glasbausteine diffuses Tageslicht fällt. Der freistehende Altar folgt dem Prinzip der Schichtung: vier Steinstapel aus dem gleichen Material, die zwischen sich einen schmalen Abstand bilden, der sich zum Kreuz formiert. Der 1999 geweihte und preisgekrönte Bau wurde von den Architekten Sarah Hare und Thomas Höger gemeinsam mit dem Bildhauer Nobert Radermacher konzipiert und erzielt gerade durch seine betonte Schlichtheit eine große Wirkung.

Gewissermaßen befindet sich hier ein Vorposten der Katholischen Kirche mitten im überwiegend protestantischen oder ungläubigen Berlin. Die hier ansässige Katholische Akademie mit ihren Tagungsräumen und einem Hotel möchte mit Veranstaltungen »Geistiges und Geistliches verbinden«, heißt es auf ihrer Website. Nebenan residieren das Kommissariat der Deutschen Bischöfe und das Konsistorium des Erzbistums Berlin, nicht zuletzt auch die Erzbischöfliche Vermögensverwaltung und die Pax-Bank. Zu den Höhepunkten in der Geschichte der Katholischen Höfe zählt der Besuch von Papst Benedikt XVI., der sich hier im September 2011 zu einem Gespräch mit Bundeskanzlerin Angela Merkel traf, bevor er im Bundestag sprach und im Olympiastadion mit 60 000 Teilnehmerinnen und Teilnehmern einen Gottesdienst feierte. Der spätere Bundespräsident Joachim Gauck quartierte sich 2010 mit seinem Stab in Räumen der Akademie ein und organisierte von hier aus seine im ersten Anlauf erfolglose Kandidatur gegen Christian Wulff, den Bewerber der CDU.

Die drei umbauten Höfe sind öffentlich zugänglich und bieten mit ihren Baumgruppen und kleinen Grünanlagen einen Raum der Stille abseits der lärmenden Straßen. An der alten Mauer zum Französischen Friedhof befindet sich ein in diesem modernen Ambiente wie ein Fremdkörper wirkender, recht verwitterter Grabstein. Er schmückte einst das Grab von Antoinette Weiss, die am 20. Februar 1805 im Alter von 27 Jahren gestorben war. Das Grab war von den Hinterbliebenen für 100 Jahre gekauft worden. Sie bestanden auf diesen Pachtvertrag und verweigerten eine Umbettung, als die Gemeinde den Friedhof einebnen und zunächst verwildern ließ. Also musste das neue Haus an der Chausseestraße 128–129 um die Grabstelle herum gebaut werden. Der Grabstein stand dann bis 1908 im Lesezimmer eines dort ansässigen Buchladens. Anschließend wurde er auf den St.-Hedwig-Friedhof in Reinickendorf umgesetzt und 2007, noch einmal 100 Jahre später, zur Erinnerung an den ersten katholischen Friedhof nach der Reformation unweit der alten Grabstelle wieder aufgestellt. Welcher Grabstein kann solch eine Geschichte aufweisen?!

5
»SIE KOMMEN IN RABENSCHWÄRMEN«
Zu Hause bei Brecht und Weigel

Der Blick geht durch das geöffnete Tor von der Chausseestraße auf einen langgestreckten, schmalen Hof mit Kopfsteinpflaster, der linker Hand von einer Ziegelmauer begrenzt wird. Dahinter liegt der Dorotheenstädtische Friedhof. An der Mauer wachsen zwei prächtige Kastanien, die schon Bertolt Brecht und Helene Weigel begrüßten, wenn sie durch den Hof zu ihren Wohnungen im Hinterhaus der Nummer 125 gingen. Die ehemaligen Wohnungen beherbergen das Brecht-Weigel-Museum der Akademie der Künste. Gemeinsam mit dem Bertolt-Brecht-Archiv, dem Literaturforum und dem Friedhof bildet es einen kulturellen Glanz- und Ruhepunkt mitten im Großstadttreiben der Chausseestraße.

Zufrieden im ältesten Haus der Chausseestraße

Kurz vor seinem Einzug im Herbst 1953 beschrieb Brecht das Gebäude in einem Brief an seine in Ahrenshoop weilende Frau und Arbeitspartnerin Helene Weigel: »Chausseestraße, im 2. Block ab dem Platz, über den man zur Akademie fährt. Hinterhaus (wie das Vorderhaus sehr alt, zweistöckig, aus den dreißiger Jahren, also sehr hübsch, ziemlich ärmlich, für kleine Leute gebaut), ein riesiger Raum mit sehr großem Fenster, ein mittelgroßer und ein kleiner Raum (nicht sehr klein). Küche klein, da muss eine Dusche hinein,

Gas und Elektrizität sind da. Klo auf halber Treppe. Unten eine Garage, gehört dazu. Hinter dem Hinterhaus kleiner Garten, der hoffentlich dazugehört, mit einem bescheidenen Baum. Fenster gehen auf Friedhof hinaus, da ist alles grün und weit. Ich bin also sehr zufrieden.«

Brecht wusste nicht, dass er in das älteste erhaltene Haus der Chausseestraße zog. Dieses war mit seinem unverändert klassizistischen Baukörper um das Jahr 1843 für den Leiter der Berliner Eisenzinkerei errichtet worden, also keineswegs für »kleine Leute«, wie Brecht vermutete. Mit den Nachbarhäusern 123 und 124 bildet die Nummer 125 ein unter Denkmalschutz stehendes Ensemble. Mitte des 20. Jahrhunderts, als Bertolt Brecht und Helene Weigel einzogen, war das Gebäude ein gewöhnliches Berliner Mietshaus mit einem Tabak- und Lebensmittelgeschäft im Erdgeschoss des Vorderhauses und Werk- beziehungsweise Atelierräumen im Hinterhaus. Erst mit dem Einzug Brechts und Weigels entwickelte es seine Strahlkraft weit über Berlin hinaus und wurde zu einem der bekanntesten Orte des Theater- und Literaturlebens – ein Ruhm, der bis heute anhält.

Vor allem Helene Weigel ist es zu verdanken, dass die Wohnräume Brechts in der ersten Etage des hinteren Seitenflügels und Hinterhauses nach seinem Tod 1956 kaum verändert wurden. Seit 1978 können sie besichtigt werden. Es ist ein Privileg, dies an einem sonnigen Frühlingstag während der Corona-Pandemie ganz allein, nur in Begleitung einer kundigen Mitarbeiterin der Akademie zu tun. Sie hat den Besuch in dem eigentlich geschlossenen Haus ermöglicht.

Und so stehen wir in Brechts fast 40 Quadratmeter großem, lichtem Arbeitszimmer mit den drei Fenstern, die hinaus auf den Friedhof gehen. Eines ist geöffnet, die frühlingsfroh zwitschernden Vögel liefern die Musik für den Tag. Auf dem gepflegten Dielenboden stehen mehrere Tische im Raum verteilt, zwei kleinere zum Arbeiten am Fenster, ein großer runder vor einem Sofa und Sesseln

Das Vorderhaus des Brecht-Hauses, aus einer fotografischen Abwicklung 1981

zum Diskutieren mit Gästen. Dazu gehört ein niedriger Schaukelstuhl, Brechts Stammplatz, aus dem er schnell aufstehen und etwas herbeiholen konnte, ein Buch aus dem dicht bestückten Regal an der Wand oder ein Manuskript aus einem der speziell angefertigten weißen Schränke mit den schmalen Schubladen.

Brecht arbeitete gern an dem kleinen Biedermeiertisch vor dem rechten Fenster. Davor steht ein bequemer, hochlehniger Sessel, von dem aus er Hegels Grab sehen konnte. Auf dem Tisch wartet eine amerikanische Reiseschreibmaschine, Typ Royal, mit der bequemen Shift-Freedom-Taste, mit der man Großbuchstaben tippen kann, ohne dass wie bei anderen Maschinen die schwere Walze angehoben wird. Der Deckel ist aufgeklappt, als würde der Autor gleich ein neues Blatt einspannen. Die schlicht und stilvoll möblierte Dreizimmerwohnung wirkt aufgeräumt, aber durchaus bewohnt. So, als hätte Brecht sie nur kurz verlassen, um bald zurückzukehren.

Eine offene Flügeltür verbindet das große mit dem kleinen Arbeits- oder Bücherzimmer. Dort steht das schwarze Telefon mit Wählscheibe auf einem großen Tisch am Fenster, daran bequeme Lehnstühle. Der Blick fällt auf die Kastanien im Hof, ein guter Platz für ausführliche Gespräche, mit genügend Raum für Unterlagen und Notizen. An der Wand ein breites Bücherregal mit Hunderten Bänden, denen man den häufigen Gebrauch ansieht, eng an eng sortiert. Davor ein niedriger Tisch mit zwei Ledersesseln.

Den Tagesablauf des Dramatikers hat der langjährige Leiter des Brecht-Archivs Erdmut Wizisla in dem von der Akademie der Künste herausgegebenen Band *Chausseestraße 125* so beschrieben: »Brecht stand in der Regel gegen 6 Uhr auf, bereitete sich selbst ein kleines Frühstück und nutzte die Zeit bis zum Probenbeginn um 10 Uhr zum Schreiben. Waren keine Besprechungen angesetzt, schrieb oder diktierte er Briefe, nachdem er gegen 15 Uhr einen Kakao getrunken hatte. Ab 16 Uhr konnte man ihn in der Chausseestraße anrufen. Abends kamen Gäste: Mitarbeiterinnen und Mitarbeiter, Freunde, Kollegen und andere. Es gab schwarzen Tee oder Kräutertee; bis auf das bayerische Bier zum Käsebrot am Abend trank Brecht kaum Alkohol.«

Wizisla beschreibt ihn als einen Lehrer, der junge Leute um sich scharte, im Bücherzimmer oder, wenn Material auszubreiten war, an dem großen Tisch im Arbeitszimmer. »Sie kommen in Rabenschwärmen, aber sie wissen, ich bin dafür«, schrieb Brecht an seinen Verleger Peter Suhrkamp. Unter den Gästen waren Dramaturgen, Schauspieler, Komponisten, Künstler und Freunde wie Hanns Eisler, Paul Dessau, John Heartfield, Elisabeth Hauptmann, Ruth Berlau.

Im kleinen Schlafzimmer nebenan hängen die Mütze und der Gehstock Brechts wie griffbereit an einem Haken an der Tür zum

Bad, auf dem Nachttisch neben dem schmalen Bett liegen Zeitungen. In diesem Bett ist Bertolt Brecht am 14. August 1956 an den Folgen einer falsch behandelten Herzentzündung mit 58 Jahren gestorben. Immerhin kam der Tod so, wie er es sich gewünscht hatte: »Als ein leises Klopfen an die Fensterscheibe«. Eine Extravaganz hatte Brecht sich nach dem Einzug 1953 gewünscht: ein Fenster im Bad. Es ist das einzige in der sonst durchgängig verputzten Wand, man kann es vom Hauptweg des Friedhofs aus sehen.

Durch eine Tür gelangte Brecht von seinem Arbeitszimmer aus zu einer schwarzen Holztreppe, die nach oben in die im zweiten Stock gelegenen Wohnräume Helene Weigels führte. Sie bestand angesichts Brechts vielfältiger Beziehungen zu anderen Frauen auf räumliche Distanz, blieb aber seine Ehefrau und wichtigste Arbeitspartnerin. Nach unten ging es über die Treppe zum gemeinsam genutzten Speisezimmer samt Küche sowie in den Garten. Nach Brechts Tod ließ Weigel das Erdgeschoss umbauen und bezog diese Wohnung. Die früher von ihr bewohnten Räume in der zweiten Etage übergab sie dem von ihr gegründeten Bertolt-Brecht-Archiv. An das Esszimmer ließ sie einen großzügigen Wintergarten anbauen, der die Natur in die Wohnung einbezieht. Aus dem in dem Brief von 1953 an sie erwähnten »bescheidenen Baum« ist ein stattlicher, im Frühjahr 2021 prächtig blühender wilder Apfelbaum geworden, dessen leuchtende Krone die Mauer zum Friedhof weit überragt. Im Originalzustand erhalten ist die kleine altmodische Küche mit dem Gasherd, auf dem die Wienerin vielfach gelobte Gerichte aus ihrer Heimat zubereitete.

Helene Weigel lebte und arbeitete hier bis zu ihrem Tod 1971, als Intendantin des Berliner Ensembles am Schiffbauerdamm, gefeierte Schauspielerin und Interpretin der Stücke Brechts und als Verwalterin und Beschützerin seines Erbes vor Eingriffs- und Vereinnahmungsversuchen von staatlicher Seite. Sie wahrte für Jahrzehnte die Integrität des Theaters über alle kulturpolitischen Interventionsversuche der SED hinweg und beschrieb das fragile Verhältnis zur Partei- und Staatsbürokratie einmal so: »Wir waren nicht das, was sie wollten. Aber sie wollten auch nicht verlieren, was sie mit uns hatten.«

Die Tüte unter dem Ladentisch

Im Jahre 1974 wurde das Haus unter Denkmalschutz gestellt, anschließend restauriert und im Auftrag des Kulturministeriums der DDR zu einer Gedenkstätte sowie einem Ort des kulturellen Austauschs umgestaltet. Am Vorabend zu Brechts 80. Geburtstag am 10. Februar 1978 öffnete das Brecht-Haus Berlin feierlich für die Öffentlichkeit. Unter seinem Dach befanden sich nun neben dem räumlich vergrößerten Archiv die Brecht-Weigel-Gedenkstätte und das neu gegründete Brecht-Zentrum der DDR. Auch Brechts Erben hatten dort ein Büro, von dem aus vor allem die 2015 gestorbene Tochter Barbara Brecht-Schall entschlossen dafür sorgte, dass sein Werk unverfälscht blieb. In einem Interview mit dem Augsburger *Dreigroschenheft* beschrieb sie 2010 ihre Grundsätze für den Umgang mit dem geistigen Erbe ihres Vaters: »Benützt es. Na klar. Hat er ja auch gesagt. Jeder Regisseur hat eine eigene Idee. Da kann man nichts dagegen tun. (…) Aber fremde Texte oder auch Texte von anderen Stücken in einem Stück lasse ich nicht zu.«

So entwickelte sich das Haus schon zu DDR-Zeiten zu einem international beachteten Forum wissenschaftlicher und kulturpolitischer Aktivitäten zum Werk Brechts und seiner Rezeption im In- und Ausland. Dazu gehörte auch die delikate deutsch-deutsche Zusammenarbeit bei der Herausgabe seiner Werke, deren Rechte beim westdeutschen Suhrkamp Verlag lagen und liegen.

Neben der Pflege des Andenkens des berühmten Dramatikers hatte die Adresse in der Chausseestraße eine besondere Bedeutung für viele Ost-Berliner. So war die im Ladengeschäft im Nebenhaus eingerichtete Brecht-Buchhandlung ein Anziehungspunkt für Literaturfreunde, weil sie dank ihrer privilegierten Lage häufig mehr Bücher ausländischer Autoren geliefert bekam, an die man sonst in der DDR nur schwer herankam. Auch durch die Zusammenarbeit mit dem Suhrkamp Verlag in Frankfurt am Main ergab sich manche ungewöhnliche Quelle. Die Journalistin und ehemalige Studentin der Theaterwissenschaft Regine Sylvester erinnert sich, dass sich um die Buchhandlung eingeweihte Kreise bildeten, in denen sich schnell und diskret herumsprach, wenn es etwas von Sartre oder Camus in der Chausseestraße gab. »Wenn man dazugehörte und sich beeilte, holte eine Verkäuferin dann diskret eine Tüte unter dem Ladentisch hervor, und man zog beglückt von dannen.«

Der Autor Thomas Martin erinnerte sich 2020 in einem Text für die *Berliner Zeitung*, wie er 40 Jahre zuvor, eines Morgens im Dezember 1980, als Schüler vor dieser Buchhandlung anstand: »Ich hatte mir schulfrei genommen. Der Grund war ›Die Ästhetik des Widerstands‹. Peter Weiss' Roman mit dem aussichtsvollen Titel sollte heute und hier verkauft werden. Das hatte mir ein Abiturient erzählt, der auch nicht wusste, was in dem Buch eigentlich stand. Aber der Titel, der Titel sagte ja alles. Tatsächlich war es 1980 noch nicht einmal fertiggeschrieben, als Lizenzausgabe Ost erschien es erst drei Jahre später.

Ich fror in der Schlange, 20 Leute vor, ein Dutzend hinter mir. Die Buchhandlung lag im Erdgeschoss von Brechts Wohnhaus. (...) Die Schlange vor dem Buchladen wuchs. Vielleicht wollten ja alle an der ›Ästhetik des Widerstands‹ teilhaben. (...) In der Tiefe des Ladens wuchtete ein Verkäufer große zusammengeschweißte Bücherpakete vor die Regale. Das Licht ging an und die Tür auf, wir strömten ins Geschäft. Das heißt, wir tröpfelten; der Laden war klein und wegen der Buchpakete noch enger als sonst. Die Ersten hatten, was begehrt wurde, erstanden und tropften an uns vorbei wieder heraus. Ich erinnere mich an die ungeheuer schwergängige Tür, an der statt einer Klinke eine Messingscheibe angebracht war, die man, Kraft vorausgesetzt, zu schieben oder ziehen hatte, um rein oder raus zu kommen.

Was die Leute in Händen hatten, waren keine Bücher. Sie trugen spezielle Beutel, bedruckt mit dem, was man Werbung zu nennen pflegte: JUTE stand drauf. Ich hielt das für eine Anbiederung mithilfe des Berliner Dialekts, auf der anderen Seite stand LITERATUR vermutlich. Die Beutel waren mit irgendwas großflächig Flachem gefüllt. Als ich unsicher ›die Ästhetik des Widerstands, Peter Weiss, bitte‹ murmelte, war gelangweiltes Kopfschütteln die Antwort. Ich streunte enttäuscht durch den Laden, der wie immer voller Schätze war, vor allem der schon jahrzehntealten, von Heartfield gestalteten Brecht-Bände. Schließlich nahm ich, was alle nahmen: den flachen Jutebeutel, in dem – ja, was war eigentlich drin? Ein Kalender war drin, (...) aus dem nichtsozialistischen Ausland. Dass ich einen Wandkalender statt der ›Ästhetik des Widerstands‹ gekauft hatte, beschämte mich schon beim Rausgehen. Als Wiedergutmachung nahm ich eine Insel-Ausgabe von Rimbauds Gesammelten Gedichten für umsonst mit.«

Zum Publikum der Buchhandlung zählten auch literaturinteressierte Westbesucher, um ihr zwangsumgetauschtes Ostgeld in Bücher umzusetzen. Seit 1964 mussten Bundesbürger für jeden Besuchstag einen Mindestbetrag D-Mark eins zu eins in DDR-Mark umtauschen, zuletzt 25 D-Mark. Da man das DDR-Geld weder zurücktauschen noch ausführen durfte, musste man es ausgeben. Bücher und Schallplatten waren dafür die attraktivsten Möglichkeiten. Auch dadurch ergaben sich hier manche interessante Begegnungen. Zu den Einkünften der Buchhandlung trug auch das Privileg bei, sämtliche Einrichtungen wie Theater, Institute oder die Akademie der Künste exklusiv mit Literatur von und über Brecht zu beliefern.

Literatur auf Bestellung – aber keine Moldaufische mehr

Die ersten zehn, zwölf Jahre nach dem Mauerfall konnte das in den Besitz einer früheren Verkäuferin und deren Partnerin übergegangene Geschäft, das sie im Geiste der Vorgänger fortführten, unter den neuen Bedingungen überleben. Doch Anfang der 2000er-Jahre wechselte das Haus Nummer 124, das vom Senat trotz seiner denkmalgeschichtlichen Bedeutung privatisiert worden war, den Besitzer. Dessen Sanierungs- und Modernisierungspläne führten fast zu einer Verdoppelung des zuvor moderat gestalteten Mietpreises, zudem verschwand das Haus für viele Monate hinter einem Baugerüst. Die Idee, das Geschäft in Zusammenarbeit mit dem Brecht-Zentrum zu einem modernen Museumsshop zu entwickeln, ließ sich nicht verwirklichen. Also gaben die Inhaberinnen 2004 auf, und die Jahrzehnte währende Geschichte dieser besonderen Buchhandlung endete mit einem Räumungsverkauf, bei dem noch einmal viele Raritäten wie antiquarische Brecht-Ausgaben oder Theaterplakate des Berliner Ensembles über den Ladentisch gingen.

Der sonst vom Literaturforum im Brecht-Haus für Veranstaltungen genutzte einstige Lebensmittelladen nebenan verwandelt sich hin und wieder zurück in ein höchst lebendiges Ladengeschäft. So eröffnete hier im Dezember 2019 für eine Woche ein Pop-up-Shop der Gruppe »Literatur für das, was passiert«. Neun Autorinnen und Autoren fertigten Texte nach Wunsch und auf Bestellung. Man musste sich vorher für eine Textsorte entscheiden – Brief, Geschichte, Gedicht –, konnte Stichwörter vorgeben und spendete für den Auftragstext wenigstens zwölf Euro an Pro Asyl.

Jens Bisky beschrieb seinen Besuch des Literaturladens in der *Süddeutschen Zeitung* so: »Ein kurzer Blick durch die Schaufenster, Tür auf, ›Guten Tag‹ gesagt, einen Geldschein ins große Glas geworfen. Leider ertönt keine Ladenklingel, aber beruhigendes Schreibmaschinengeklapper umfängt den Besucher. Nur für einen Augenblick schauen die auf, die an den Maschinen sitzen und dichten. Bis zu zwanzig Bestellungen täglich müssen abgearbeitet werden.

›Guten Tag, ich brauche ein Gedicht.‹ – ›Ja, gut‹ – ›Eins über die Chausseestraße, die Jetztzeit, den Winter‹. Der Wunsch wird erfüllt von Christian Dittloff, Jahrgang 1983. ›Chausseestraße, from where I sit‹, heißt das Werk und beginnt so:

›Irre, sagt der Mann, / der das Brecht-Haus betritt, / Soeben ist Rainald Goetz / mit dem Rad an mir vorbeigefahren.‹

Das Motiv ist klar: Die Chausseestraße ist eine mit hoher Dichterdichte, die Literatur Teil des urbanen Alltags, ein besonderer Reiz. Weiter geht's:

›Weltausschnitt: / das Borsighaus gegenüber, / dessen rostiger Patron / den robusten Hammer schwingt / und auf das gräuliche Treiben / der Chausseestraße blickt. Das Gebäude wurde von / der Zahnarztkammer saniert. / Diese Stadt / ist ihre eigene Pointe.‹

Man würde gern weitere Verse bestellen.«

Der Laden liegt genau über den Räumen einer anderen Institution, die zehn Jahre länger überlebt hat als die Buchhandlung. Sie hat das Brecht-Haus lange zu einem Anziehungspunkt auch für Menschen ohne besondere Neigung zu Theater und Literatur gemacht: Das Kellerrestaurant im Untergeschoss. Hier wurde Wiener Küche nach Rezepten von Helene Weigel geboten: Tafelspitz, Hendl, Erdäpfelsalat. Zu DDR-Zeiten war es oft so schwer, einen Tisch zu bekommen, wie ein besonderes Buch; nach dem Mauerfall blieb das Konzept, und das Lokal wurde ein Tipp in Reiseführern. Doch seit 2013 ist es geschlossen, weil die Küche und Gasträume nicht mehr den gesetzlichen Vorgaben für Hygiene und sonstige Anforderungen an Restaurantbetriebe entsprachen. Die Rede ist von einem hohen sechsstelligen Betrag, der für die Sanierung hätte aufgebracht werden müssen – ob vom Hauseigentümer Land Berlin oder einem neuen Betreiber, darüber geht unter anderem der Streit, der die Rückkehr der gastronomischen Tradition an diesen besonderen Ort blockiert.

So bleibt das Schild mit dem alten Motto des Restaurants, das Brecht einst für das Wirtshaus im *Schweyk* gedichtet hat, einstweilen irgendwo im Souterrain unter Verschluss:

Komm und setz dich, lieber Gast
Setz dich uns zu Tische
Daß du Supp und Krautfleisch hast
Oder Moldaufische

6
»ZUMINDEST WAR MAL EINER HIER«
Totengedenken im Grenzgebiet

Zwei junge Männer joggen die Liesenstraße entlang, sie kommen wohl aus dem Nordpark. Jetzt biegen sie rechts ab und verschwinden durch ein offen stehendes schmiedeeisernes Tor in einer Ziegelmauer. Dahinter öffnet sich eine Buchenallee, die Hauptachse des Neuen Dorotheenstädtischen Friedhofs. Schräg gegenüber liegt der Eingang zum Friedhof der St.-Hedwig-Gemeinde. Hier empfängt ein breiter Grünstreifen den Besucher. Links verharrt eine sportlich gekleidete Frau in hockender Stellung und scheint zu meditieren. Es ist Sonntag, ein kalter, sonniger Wintermorgen. Die Szene vermittelt einen Eindruck davon, wie die Menschen sich diesen Stadtraum neu angeeignet haben. Die vier eng beieinander liegenden Friedhöfe bieten mitten in der dicht besiedelten Gegend ein wenig abseits der Chausseestraße grüne Ruhezonen. Das jahrzehntelang brachliegende, nun als Park gestaltete Gelände des einstigen Stettiner Bahnhofs schließt sich im Osten an.

Einst, vor bald 200 Jahren, war es schon einmal ähnlich. Jenseits der Industrielandschaft der Chausseestraße erstreckten sich Felder und Wiesen, und der Gastwirt Carl Adolf Friedrich Liesen betrieb hier ein gut besuchtes Gartenlokal. Die Acker- und die Gartenstraße erinnern noch an diese Zeit, und quer hindurch führt die Liesenstraße, benannt nach ebenjenem Gastwirt, der 1854 starb. Dieser hatte um das Jahr 1830 herum erkannt, dass er mit seinen Grundstücken noch ganz andere Gewinne erzielen konnte als mit

Schankbier und Bouletten. Er verkaufte sie nach und nach an Kirchengemeinden, deren Grabflächen in der Stadt zu eng wurden oder ganz aufgehoben werden mussten. So bekamen die heute berühmten Friedhöfe der Dorotheenstädtischen und der Französischen Gemeinde am Beginn der Chausseestraße ein paar Hundert Meter weiter die Straße hinauf jüngere Schwestern. Dazu gesellten sich der Friedhof der evangelischen Domgemeinde und die Gräber der katholischen St.-Hedwig-Gemeinde. Die drei Letztgenannten teilen sich ein Areal südlich der Liesenstraße, was bedeutet, dass sie nach der Bildung Groß-Berlins im Bezirk Mitte lagen, der Dorotheenstädtische Friedhof II auf der anderen Straßenseite hingegen im Wedding. Wirkliche Bedeutung erlangte dies erst nach 1945. Nun befanden sich die drei Nachbarfriedhöfe im sowjetischen, der nördliche im französischen Sektor. Nach dem Mauerbau 1961 verschärfte sich die Lage, denn die Grenze verlief entlang der Südseite der Liesenstraße und machte die drei Grabfelder zum Grenzgebiet. Einzig der in West-Berlin liegende Dorotheenstädtische Friedhof II konnte noch durch seinen Eingang an der Liesenstraße betreten werden, doch trennte die Mauer ihn von seiner Gemeinde im Osten.

Die Eingänge der drei anderen Friedhöfe an der Liesenstraße waren nicht mehr zugänglich. Doch damit nicht genug. Ausgehend von der Grenzübergangsstelle an der Chausseestraße zogen die Grenztruppen der DDR einen 40 Meter breiten Streifen, auf dem die Gräber vollständig abgeräumt wurden. Stattdessen legten sie, zum Teil unter Benutzung von Grabsteinen, einen Kolonnenweg an, auf dem sie mit ihren Fahrzeugen patrouillierten. Er wurde von der nun quer durch die Friedhöfe schneidenden Hinterlandmauer begrenzt. Manche Gräber wurden auf die andere Seite dieser Mauer umgebettet. Einen notdürftigen Zugang bot nun nur noch ein verwinkelter, streng kontrollierter Weg über die Höfe der Mietshäuser an der Wöhlertstraße. Dafür war ein Passierschein, eine »Grabkarte«, erforderlich, der nur Besitzern von Grabstellen erteilt wurde.

Ein Besuch bei Theodor Fontane – mit Hindernissen

Der Ost-Berliner Schriftsteller und Stadtfeuilletonist Heinz Knobloch hat in seinem 1987 erstmals erschienenen Buch *Berliner Grabsteine* anschaulich geschildert, was er alles unternehmen musste, um 1978 das auf dem Französischen Friedhof II im Grenzstreifen liegende Grab Theodor Fontanes besuchen zu können. Am Ende waren es 21 Telefonate und Behördenbesuche, vom Fontane-Archiv bis zum Ministerium der Verteidigung, ehe Knobloch einen Passierschein der Volkspolizei zum Aufenthalt im Grenzstreifen und die vom »Stellvertreter des Ministers für Nationale Verteidigung und Chef der Politischen Verwaltung der Nationalen Volksarmee« erteilte Genehmigung zur Berichterstattung über das Fontane-Grab vorlegen konnte. Die Frau im Kontrollhäuschen an den Wöhlerthöfen, die die üblichen

Das Ehrengrab für Theodor Fontane und seine Frau Emilie auf dem Friedhof der Französisch-reformierten Gemeinde, 2019

Besucher mit ihren Grabkarten kannte, sei bass erstaunt gewesen. So etwas hatte sie noch nie gesehen. Sie müsse immer wieder Leute wegschicken, die von weit hergekommen seien, um die letzte Ruhestätte Fontanes aufzusuchen, erzählte sie Knobloch. Die DDR-Behörden hatten selbstverständlich kein Interesse an einem Friedhofstourismus im Grenzbereich, und so gab es auch keine Informationen, wie man an eine Genehmigung gelangte. Erst 1985, nachdem die Absperrungen der Mauer perfektioniert worden waren, wurde der Zugang zu den Friedhöfen über den Hintereingang wieder freigegeben.

Knobloch fand das denkmalgeschützte Doppelgrab von Theodor und Emilie Fontane von Efeu überwachsen in mäßigem Zustand vor. »Auf Fontanes Hügel stecken im Efeu ein paar gelbe Wachstulpen und ebensolche Lilien. Schön ist das nicht, aber besser als gar nichts«, notierte er. »Zumindest war mal einer hier.« Fontane-Kenner wissen, dass dieses Grab allein symbolischen Charakter hat – es ist vermutlich leer. Das Originalgrab wurde bei einem Bombenangriff während des Zweiten Weltkriegs zerstört und später neu eingerichtet. Heute ist es ein gepflegtes Berliner Ehrengrab, das einzige auf diesen Friedhöfen, zu dem ein Hinweisschild führt. Eine kleine gelb gestrichene Holzbank lädt zum Verweilen ein. Außerdem gibt es in der ehemaligen Friedhofskapelle eine Gedenkstätte für den Schriftsteller. Seine Vorfahren gehörten zu den hugenottischen Flüchtlingen, die sich im 17. Jahrhundert in Berlin und Brandenburg niederließen – daher seine Verbindung zur Französischen Gemeinde.

Der Fotograf Manfred Paul besuchte im April 1990 auf seinen genau dokumentierten Streifzügen entlang der an vielen Stellen geöffneten, im Stadtbild aber noch sehr präsenten Mauer auch die Friedhöfe an der Liesenstraße. Seine Bilder vermitteln einen Eindruck von der bizarren Nachbarschaft des brutalen Grenzregimes mit einem Totengedenken, das selbst unter diesen Bedingungen seine Würde zu wahren versteht. Sinnbildlich steht dafür die Fotografie eines der beiden großen Marmorengel von dem Bildhauer

Einer der beiden großen Marmorengel von dem Bildhauer Josef Limburg unter dem Schutzdach im hinteren Teil des Friedhofs an der Liesenstraße, fotografiert von Manfred Paul im April 1990

Josef Limburg, die heute wieder den Hauptweg zur Kapelle auf dem St.-Hedwig-Friedhof bewachen. Sie waren aus dem Grenzstreifen geborgen und unter einem provisorischen Schutzdach im hinteren Teil des Friedhofs untergebracht worden. Dort hat Manfred Paul sie 1990 aufgespürt und fotografiert. Die Fotografie eines der demütig knieenden Engel unter dem rohen Bretterdach, in dem eine Öffnung für die hohen Flügel ausgespart ist, dahinter die Betonwand, die den Friedhof zur S-Bahn-Trasse abriegelte und in der Ferne der Turm der im Westen gelegenen Sebastiankirche ist auf dem Umschlag des Fotobandes von Manfred Paul *Grenzenlose Räume* abgebildet. »Da ist nichts groß, da ist nichts klein. Da ist nur etwas. Und dieses Etwas, dieses Loch übt einen Sog auf unser Inneres aus«, schrieb der Publizist Uwe Kolbe in seinem Essay für den Fotoband.

Von der S-Bahn sieht man nur das Dach

Die Friedhöfe haben sich von den Verwüstungen durch die Grenztruppen und dem Vandalismus der Nachwendezeit erstaunlich gut erholt. Die zuständigen Gemeinden und die Denkmalpfleger verwandten viel Engagement, Mühe und Mittel auf die Wiederherstellung der historischen Grabanlagen, Sichtachsen und Ensembles. Heute erwartet den Besucher hier eine Parklandschaft, und alle Friedhöfe nehmen noch neue Gräber auf. Die Informationstafel des Alten Domfriedhofs St. Hedwig, des ältesten noch aktiven katholischen Friedhofs in Berlin, kündigt täglich mehrere Trauerfeiern an.

Ein Verdienst der Verantwortlichen ist, dass die Wunden der Mauerzeit nicht einfach getilgt wurden. Bei einem Bummel über die Friedhöfe trifft man immer wieder auf Spuren der Zeit zwischen 1961 und 1989. So verbindet die drei Friedhöfe, die heute wieder von der Liesenstraße aus zugänglich sind, ein breiter Grünstreifen, auf dem einst der Kolonnenweg verlief. Manche nutzen ihn für stille Sportübungen. Aber es ist auch eine Wohltat, den Blick mitten in der Stadt so weit streifen lassen zu können – bis er auf die erhaltenen Betonteile der Mauer stößt, die bis heute den Bahndamm auf der Ostseite absperren. Von den dahinter zwischen Nordbahnhof und Humboldthain verkehrenden S-Bahnen sind nur die Dächer zu sehen. Am Übergang zwischen St.-Hedwig-Friedhof und dem Französisch-reformierten Friedhof steht auch noch ein Rest der Hinterlandmauer.

An mehreren Stellen des Grünstreifens erinnern Gedenktafeln an die durch den Mauerbau zerstörten Gräber. »Sag mir, wo die Mauern sind – Menschen trugen sie fort, geschwind«, lautet die frohgemute Inschrift auf einem Gedenkstein auf dem Domfriedhof. Den Eingang von den Höfen an der Wöhlert-/Pflugstraße aus gibt es noch, doch ist er nun von einem neuen Gittertor der angrenzenden Wohnanlage fester verschlossen als zu DDR-Zeiten. Das alte Wachhäuschen ist verschwunden.

Die Friedhöfe an der Liesenstraße können sich hinsichtlich der Prominenz der Bestatteten nicht mit denen an der unteren Chausseestraße messen. Doch die populärste Grabstelle ist zweifellos jene von Theodor Fontane und seiner Frau Emilie auf dem Französischen Friedhof. Ansonsten finden sich hier die Gräber einiger für die Berliner Stadtgeschichte bedeutender Persönlichkeiten. Dazu zählen Gastronomen wie Mathias Bauer und Johann Georg Kranzler, zwei Österreicher, die im 19. Jahrhundert die Wiener Kaffeehauskultur nach Berlin brachten. Dass ihnen das bis heute gedankt wird, zeigt ein weißes Kaffeegedeck, das jemand am Grabstein für Kranzlers Sohn Alfred auf dem Dorotheenstädtischen Friedhof abgestellt hat. Er hatte das Unternehmen erst richtig erfolgreich gemacht. Bis heute hat sich am Kurfürstendamm der Gebäudekomplex Kranzler Eck gehalten, in dem es auch noch ein Café dieses Namens gibt, das freilich nur ein matter Abglanz seiner großen Vorgänger ist. Anders verhält es sich mit Lorenz Adlon, unter dessen Namen die Tradition des nach der Vereinigung Berlins wieder aufgebauten Luxushotels am Brandenburger Tor fortgesetzt wird. Das restaurierte Erbbegräbnis der Gründerfamilie Adlon befindet sich auf dem Friedhof von St. Hedwig.

Betritt man den Domfriedhof von der Liesenstraße aus, zieht ein ungewöhnliches Objekt den Blick auf sich: ein sieben Meter hohes vergoldetes Kreuz, das bis vor einigen Jahren die Kuppel des Berliner Doms zierte. Als es im Zuge von Renovierungsarbeiten 2006 ausgetauscht wurde, setzte sich Dombaumeister Stefan Felmy dafür ein, das alte Kreuz als Zeichen des Gedenkens auf dem historischen Friedhof aufzustellen. »Es erinnert an die Verstorbenen, deren Gräber hier zerstört wurden durch den Bau der Berliner Mauer, und an die Opfer, die an dieser Mauer ihr Leben verloren«, heißt es auf einem Schild. Eine mit einer Pflanzschale geschmückte Gedenktafel

Die Neubauten der Chausseestraße rücken eng an den Domfriedhof mit seiner kleinen Kapelle heran, 2021

listet die Namen der Menschen auf, deren Gräber zerstört wurden. Der 2009 verstorbene Dombaumeister Felmy wurde auch auf dem Friedhof bestattet.

Die Stadt wächst schon lange immer dichter an die einst auf der grünen Wiese angelegten Friedhöfe heran. Diese werden im Süden von Mietshäusern aus den ersten Jahren des 20. Jahrhunderts begrenzt, von deren rückseitigen Fenstern aus die Bewohner direkt auf die Gräber und seit 1961 auch auf die Grenzanlagen schauten. Von Westen, von der Chausseestraße her, sind in den letzten Jahren zum Teil architektonisch spektakuläre Apartmenthäuser herangerückt, die den Domfriedhof überragen und optisch beherrschen. Sie sind von Investoren wie der Bayerischen Versorgungskammer errichtet worden.

7
»DAS WAR UNSERE STRECKE«
Das Leben im westlichsten Zipfel Ost-Berlins

Man muss schon genau hinschauen, die Augen auf das Straßenpflaster gerichtet, um noch ein paar von ihnen zu entdecken: 120 Messingplatten mit den Umrissen lebensgroßer Kaninchen bevölkerten einmal die nördliche Chausseestraße und ihre Bürgersteige. Die Künstlerin Karla Sachse hatte sie 1999 im Auftrag des Senats als »Denkzeichen« im einstigen Grenzgebiet zur Erinnerung an den Mauerfall zehn Jahre zuvor geschaffen. Eine heitere Reminiszenz an eine der wenigen versöhnlichen Begleiterscheinungen von Mauer, Stacheldraht und Todesstreifen. In dem streng bewachten Niemandsland zwischen Ost und West hatte sich eine rege Kaninchenpopulation entwickelt, von den Berlinern auf beiden Seiten liebevoll beobachtet. Die Tiere hoppelten ungehindert über den Todesstreifen, sie waren zu leicht, um Minen auszulösen. Sie bauten Höhlen und Gänge nach Belieben, regten die Fantasie der von der Mauer getrennten Menschen an.

Kaninchen an der Mauer

Anfangs glänzten die Messingplatten im grauen Asphalt und gaben dieser rauen Umgebung eine überraschende Note. Davon ist wenig geblieben. Durch Achtlosigkeit, Bauarbeiten, wohl auch Diebstahl hat sich die Zahl der Kaninchen drastisch verringert. So fand man

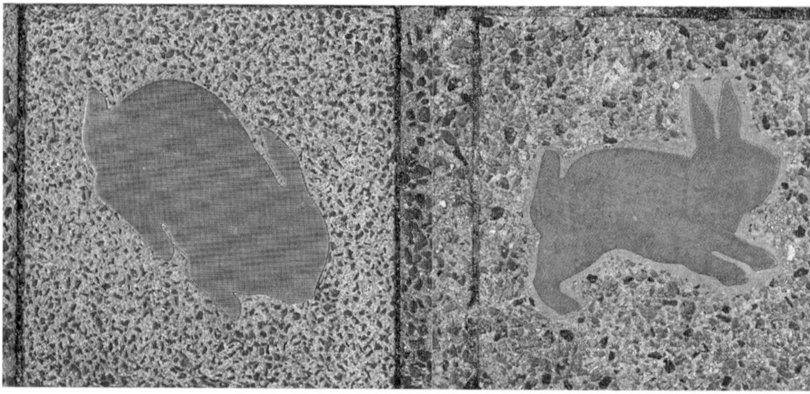

Vier von noch etwa 25 Kaninchen, 2022. Einst waren es 120 Kaninchensilhouetten.

im Sommer 2021 nur noch einzelne, stumpf gewordene Exemplare auf den Bürgersteigen und einige blank gefahrene auf den Fahrradstreifen. Die Straße und die Gehwege sind so oft aufgerissen worden, dass nur wenige Messingkaninchen überlebt haben. Auch die Informationstafel war längst verschwunden.

2016 stellte die Senatskulturverwaltung auf eine Anfrage im Abgeordnetenhaus fest: »Eine Wiederherstellung der Arbeit im Originalzustand ist nicht mehr möglich.« 2019 war in einer Stellungnahme von Kulturstaatssekretär Torsten Wöhlert (Die Linke) immerhin von einer baldigen »behutsamen Revitalisierung« des Kaninchenfeldes die Rede. Und tatsächlich wurden Anfang 2022 einige Gehwegplatten auf dem Fußweg erneuert, und ein Kaninchen strahlt messinghell im frischen Asphalt der Chausseestraße. Gleich nebenan aber macht sich die Großbaustelle der BVG breit, die hier die Tunnelabdichtung der unter der Chausseestraße verlaufenden U-Bahn saniert. Insgesamt sind im Januar 2020 etwa 25 der einst 120 Kaninchensilhouetten im einstigen Grenzbereich zu entdecken.

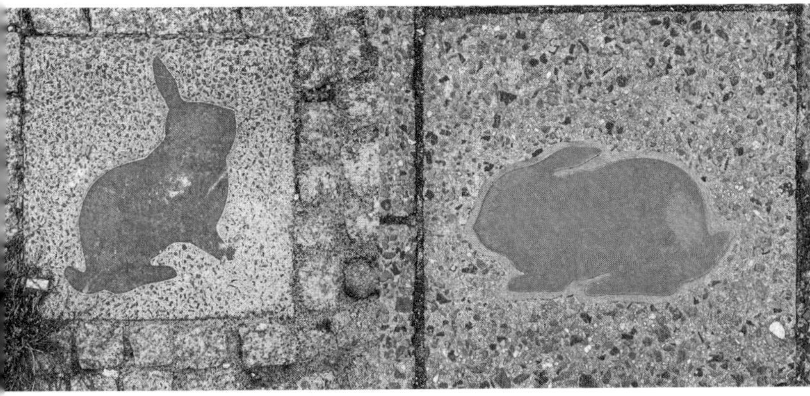

Ältere Berlinerinnen und Berliner mögen noch etwas anderes mit der hoppelnden Tierwelt an der Grenze assoziieren, den Hasenkommentar von Lothar Loewe. Der ARD-Korrespondent hatte in der *Tagesschau* vom 21. Dezember 1976 in einem Beitrag über die zunehmende Repression in Ostdeutschland gesagt: »Hier in der DDR weiß jedes Kind, dass die Grenztruppen den strikten Befehl haben, auf Menschen wie auf Hasen zu schießen.« Die SED-Führung entzog dem Journalisten daraufhin die Akkreditierung, er musste innerhalb von 48 Stunden das Land verlassen. Der Vorwurf lautete: »Grobe Einmischung in die inneren Angelegenheiten der DDR.«

Eines der wenigen Schlupflöcher

Wenn man von der Kreuzung Luisenstraße nach Norden schaut, fällt der Blick auf ein weiteres der Teilung gewidmetes Kunstwerk. In einer kleinen struppigen Grünanlage, dem Pankepark, an der Chaussee-, Ecke Liesenstraße steht die Skulptur *Wiedervereinigung*.

Die Skulptur »Wiedervereinigung« von Hildegard Leest im Pankepark, 2021

Zwei stilisierte übermannshohe Figuren aus grob behauenem Muschelkalk stehen einander zugeneigt, aber so entfernt gegenüber, dass ihre ausgestreckten Arme sich gerade noch berühren – als überspannten sie einen Graben, eine Grenze. 1962, im Jahr nach dem Mauerbau, wurde die Plastik der vom Bauhaus beeinflussten Bildhauerin Hildegard Leest auf der westlichen Seite der Mauer, direkt vor dem Grenzübergang aufgestellt.

Die Chausseestraße bot mit diesem Grenzübergang immerhin eines der wenigen Schlupflöcher in der Mauer, die West-Berliner für Verwandtenbesuche im Osten nutzen konnten. Das war erstmals über zwei Jahre nach dem Mauerbau in größerem Umfang möglich, als das erste Passierscheinabkommen zu Weihnachten/Neujahr 1963/64 die Mauer für zwei Wochen ein wenig durchlässig machte. 700 000 West-Berliner nutzten diese Möglichkeit; in die andere Richtung ging es ab 1964 zunächst nur für Rentner und in Einzelfällen aus dringenden familiären Gründen.

Die in Berlin-Mitte aufgewachsene Journalistin Regine Sylvester hat ganz eigene Erinnerungen an den Grenzübergang: »Für mich war der Übergang Chausseestraße bis zum Mauerbau – da war ich gerade 15 – meine Tür in die Welt. Ich habe mich mit meiner Clique getroffen, und dann sind wir losgezogen, das war unsere Strecke. Ich erinnere mich an Ohrclips, weite Röcke, Petticoats. Ein wichtiges Ziel waren Geschäfte im Westen. Woolworth, Hertie, mehrere Schuhgeschäfte, die waren für uns interessant. Wir haben da auch geklaut. Starpostkarten von Elvis, so was. Und wir haben so kleine Klammern mitgenommen, in verschiedenen Farben. Die klemmte

West-Berliner passieren zu Fuß oder per Auto um Weihnachten 1963 den Grenzübergang Chausseestraße.

man sich an die Klamotten, denn das waren Botschaften – grün: Ich bin frei. Rot: Ich bin vergeben. Gelb: Ich suche gerade. Aber das hat keiner verstanden, schon gar nicht die Ostjungs!

Ich hatte einen Freund, Dieter, der in West-Berlin, im Wedding, wohnte. Schwarze Lederjacke, Jeans, Toreroabsätze, Elvis-Ente: Der gefiel mir. Wir waren am 12. August 1961 im Kino Polo kurz hinter der Grenze in der 18-Uhr-Vorstellung. Es gab *Mitternachtsspitzen* mit Doris Day und Rex Harrison. Dann brachte er mich nach Hause zum Robert-Koch-Platz und küsste mich im Hausflur. Mein erster Kuss! Mein Vater kam, verjagte Dieter, und in der Nacht wurde die Mauer gebaut. Am Übergang war uns noch nichts aufgefallen. Das war mein Abschied vom Westen. Nicht nur von Woolworth und Hertie, sondern auch von der ersten Liebe. Die Kinokarte vom 12. August habe ich noch ewig aufbewahrt.«

Die Chausseestraße und ihr Einzugsgebiet erlebten viele Ost-Berliner vor allem als Grenzgebiet. In den meisten Gegenden der Hauptstadt der DDR konnte man leben, ohne ständig mit der Mauer konfrontiert zu werden. Hier ging das nicht. Wenn man auf die Karte schaut, wird klar, warum: Dieses Viertel war der westlichste Ausläufer Ost-Berlins, der sich fast vorwitzig in den anderen Teil der Stadt hineinreckte. Die Mauer schloss ihn praktisch von drei Seiten ein. Dazu gehörten vier Grenzübergänge mit ihren besonderen Sicherheitsvorkehrungen, Wachtürmen, die ständige Präsenz von Soldaten, Polizisten und zivil gekleideten, aber trotzdem erkennbaren Stasi-Mitarbeitern in großer Zahl. Denkt man sich Friedrichstraße und Chausseestraße als eine zusammenhängende Nord-Süd-Verbindung, so endete sie oben und unten an der Mauer mit zwei für Normalbürger verschlossenen Kontrollstellen. Das gab es in Ost-Berlin nicht noch einmal. Dazu etwa auf der Mitte der Strecke der Bahnhof Friedrichstraße, der einen weiteren vielfältig überwachten Grenzübergang barg. Weithin sichtbar der »Tränenpalast«, in dem ab 1963 die Ein- und Ausreisenden von und nach

West-Berlin abgefertigt wurden. Für die Öffentlichkeit unsichtbar verliefen hingegen die Aktivitäten der verschiedenen Geheimdienste, die diesen besonders unübersichtlichen Knotenpunkt zwischen den Systemen gern nutzten.

Und schließlich nur ein wenig weiter westlich der Übergang Invalidenstraße, der wegen der Nähe zum Ost-Berliner Regierungsviertel und zur bundesdeutschen Vertretung in der Hannoverschen Straße von vielen offiziell-inoffiziellen Grenzgängern benutzt und entsprechend überwacht wurde. Erich Honeckers Unterhändler für den Freikauf von Gefangenen durch die Bundesrepublik, Rechtsanwalt Wolfgang Vogel, konnte man hier häufig in seinem auffälligen, goldfarbenen Mercedes die Seiten wechseln sehen. Auch die ersten sechs Botschaftsbesetzer, die sich im Januar 1984 in die Ost-Berliner Botschaft der USA geflüchtet hatten, begleitete Vogel über diesen Grenzübergang persönlich nach West-Berlin.

Relaisstation zwischen Ost und West

Eine spezielle Bedeutung für die Gegend hatte die Ständige Vertretung der Bundesrepublik. Sie wurde im Mai 1974 in der Hannoverschen Straße 28, in Sichtweite von der Chausseestraße, im Zuge des Grundlagenvertrags eröffnet. Sie zog vor allem eine Personengruppe an: DDR-Bürger, die an eine Ausreise aus ihrem Staat dachten. Auf sie wirkte die westdeutsche Vertretung wie ein Magnet, stellt die Autorin Jacqueline Boysen in ihrem Buch über *Das »weiße Haus« in Ost-Berlin* fest. Damit wurde sie für die DDR-Behörden zu einem besonderen Objekt der Beobachtung. 30 hauptamtliche Mitarbeiter der »Spionageabwehr« waren im Ministerium für Staatssicherheit mit der Überwachung und Ausforschung der Beschäftigten der Vertretung und ihrer Besucher befasst. Sie führten mehrere Hundert inoffizielle Mitarbeiter, die ihnen ihre Erkenntnisse zulieferten. Auf der Hannoverschen Straße patrouillierten zivile und uniformierte Sicherheitskräfte, die jeden kontrollierten, der sich dem Gebäude näherte. Nach Verlassen des Hauses wurden die Besucher oft angehalten, befragt und auch kurzfristig festgenommen. Dennoch verzeichnete die Vertretung einen regen Besuchsverkehr, bis zu 10 000 Menschen aus der ganzen Republik machten sich pro Jahr auf den Weg in die Hannoversche Straße. Nach Erkenntnissen der westdeutschen Diplomaten suchten etwa zwei Drittel nach Möglichkeiten, die DDR hinter sich zu lassen. Viele kamen aber auch wegen des Kultur- und Informationsangebots.

Jacqueline Boysen hat die Rolle der StäV, wie sie offiziell abgekürzt wurde, so beschrieben: »Die Ständige Vertretung in der Hannoverschen Straße in Berlin-Mitte wurde ab 1974 zum einen politische Relaisstation zwischen West und Ost und zum anderen administrativer Arm der Bundesregierung in Ost-Berlin: Sie bot westdeutsche Zeitungen zur Lektüre an, sie lud zu vielbesuchten Empfängen mit Ausstellungen westdeutscher Künstler, sie pflegte Dialog und Diskussion in einer Umgebung, in der dies offiziell nicht gewünscht war. Sie nahm Verzweifelte und Hilfesuchende auf. Im Zentrum deutsch-deutschen Interesses und der westdeutschen Medienberichterstattung stand die StäV, als sie 1984 und 1989 zeitweise für den Besucherverkehr geschlossen werden musste, weil sie deutlich mehr Übersiedlungswillige provisorisch beherbergte, als sie angemessen versorgen konnte.«

Im Sommer 1984 harrten bis zu 55 Menschen, darunter viele Kinder, in dem Gebäude aus, um ihre Ausreise zu erzwingen. Die Beamten räumten die oberste Etage und richteten dort notdürftige Unterkünfte ein. Auf Bettlaken, die sie aus den rückwärtigen Fenstern hängten, forderten sie ihre Freiheit. Die Transparente waren von den hinter dem Gebäude liegenden Bürohäusern und Instituten der Charité aus zu sehen. In der Regel erreichten die Besetzer ihr Ziel, wozu sie aber die Vertretung verlassen und darauf vertrauen mussten, dass sie die versprochene Ausreisegenehmigung auch erhielten. Das war dank der Vermittlung des Rechtsanwalts Vogel meist nach einigen Wochen der Fall.

Das Geschehen um die StäV trug zu der besonderen Atmosphäre in diesem Stadtviertel bei, der der Autor Thomas Martin nachspürte, als er 1980 in einer Schlange vor der Brecht-Buchhandlung in der Chausseestraße anstand: »Es war der westlichste Zipfel Ost-Berlins. Naturkundemuseum und Nordbahnhof waren nicht weit. Und hätte ich es gewusst, hätte ich darauf achten und die U-Bahn durch die Geisterbahnhöfe unter der Straße rollen hören können. Es war das Grenzland Berlin, ein Chronotop zweier Städte, zweier Staaten, zweier Systeme, die hier geballt wie nirgendwo aneinanderstießen«, schrieb er 2020 in einem Text für die *Berliner Zeitung*.

Die Geisterbahn im Untergrund

Das Phänomen der unter der Chausseestraße verkehrenden U-Bahn hat nach der Teilung der Stadt 1961 viele Menschen beschäftigt. Während die West-Berliner mit den Zügen der zwischen Alt-Tegel und Alt-Mariendorf verkehrenden Linie 6 Ost-Berlin ohne Halt (bis auf die Grenzstation Friedrichstraße) unterqueren konnten und die dazwischenliegenden Stationen als »Geisterbahnhöfe« wahrnahmen, waren die Züge für die Ost-Berliner an der Oberfläche allenfalls eine Art unsichtbarer Geisterbahn.

Der Ost-Berliner Autor Frank-Wolf Matthies schrieb 1981, als er bereits im Westen lebte: »Stellen Sie sich an einen dieser Luftschächte & lauschen Sie einige Zeit, plötzlich wird Sie ein Luftzug anwehen & Sie werden ein Geräusch wahrnehmen, (…) als wenn eine Ubahn unter Ihren Füßen fährt, auch werden Sie dieses charakteristische Vibrieren des Bodens bemerken. Nun lassen Sie Ihre Augen die Straßen der Umgebung absuchen, Sie werden nichts bemerken! Tun Sie ein Weiteres: sehen Sie auf den Stadtplan: Nichts!!! Sie werden nichts entdecken … Nicht den geringsten Hinweis auf eine Ubahnlinie.«

Innerhalb kürzester Zeit hatten die DDR-Behörden nach dem Mauerbau die Zugänge zur U-Bahn vermauern, die Treppen abdecken und alle Hinweise im Stadtbild auf sie entfernen lassen. An der Chausseestraße betraf das drei Bahnhöfe der ehemaligen U-Bahnlinie C: Oranienburger Tor, Nordbahnhof und Walter-Ulbricht-Stadion, wie sie damals hießen. Einzig einige Belüftungsschächte und Notausgänge blieben erhalten, allerdings waren sie nur noch von Kundigen zu erkennen. Dazu verborgene Zugänge für die Wachmannschaften, die im Dämmerlicht der kaum noch beleuchteten Bahnsteige ihren Dienst taten. Zu den mit den Geisterzügen verbundenen Fantasien zählten häufig wohl auch Überlegungen, ob man sie nicht zur Flucht in den Westen nutzen könnte. Polizei und Grenztruppen entwickelten mit den Jahren ein derart ausgeklügeltes Überwachungssystem der abgeschotteten Bahnhöfe, dass Fluchtversuche auf diesem Weg nur noch selten gelangen. Erfolgreich waren vor allem Mitarbeiter der Ost-BVG (ab 1969 BVB) oder gar Grenzsoldaten, die sich mit den unterirdischen Gegebenheiten auskannten.

Für die Chausseestraße ist die Flucht eines Unteroffiziers dokumentiert, der in der Nacht vom 27. auf den 28. Dezember 1962 als Postenführer auf dem Bahnhof Walter-Ulbricht-Stadion (heute Schwartzkopffstraße) eingesetzt war. Gerhard Sälter und Tina Schaller haben in ihrem Buch *Grenz- und Geisterbahnhöfe im geteilten Berlin* das Geschehen rekonstruiert: »Gegen drei Uhr morgens verließ er seinen Posten, um zur Toilette zu gehen. Da diese vom Postenhaus auf dem Bahnsteig aus in Richtung West-Berlin lag, hätte er eigentlich nicht alleine gehen dürfen, aber das wurde, wohl weil er ein Vorgesetzter war, toleriert. Nach einer Viertelstunde wurde sein Fehlen von den anderen Grenzsoldaten bemerkt. Sie suchten den U-Bahnhof, den Bahnsteig und den Fahrtunnel bis zur Grenze ab, ohne ihn zu finden. Die im U-Bahnschacht als Strich markierte Grenze durften sie nicht überqueren. Jedoch schickten sie einen Mitarbeiter der Ost-Berliner BVG hinüber, der unter einem als Notausstieg dienenden Luftschacht auf West-Berliner Seite Fußspuren entdeckte. Er stellte außerdem fest, dass das zur Straße führende Gitter geöffnet worden war. Bodo Z. war zu diesem Zeitpunkt bereits längs des Bahnsteigs Richtung West-Berlin gegangen, auf die Gleise gesprungen und die etwa 250 Meter durch den U-Bahn-Tunnel nach West-Berlin gelaufen. Er war tatsächlich durch einen Notausstieg zur Chausseestraße in West-Berlin hinaufgestiegen.«

Zur Ironie dieser Flucht gehört, dass er den Grenzübergang sozusagen unterirdisch passiert hat. In den überlieferten Akten der Staatssicherheit finden sich Fotografien der Straßensituation, auf denen der Fluchtweg markiert wurde.

Die unter der Chausseestraße verlaufende U-Bahnlinie spielte auch eine Rolle in einem der spektakulärsten deutsch-deutschen Spionagefälle, der Flucht des Stasi-Oberleutnants Werner Stiller am 19. Januar 1979. In seinem Buch *Der Agent* beschreibt Stiller, wie er mit seinem Dienstausweis und gefälschtem Reiseauftrag den geheimen Dienstübergang im Bahnhof Friedrichstraße passierte und auf den U-Bahnsteig der Linie 6 gelangte. Dann fährt er fort: »Die wichtigste Hürde war genommen. Als letztes Risiko blieben die Monitore. Ich steuerte die U-Bahn an, da diese unter West-Berliner Verwaltung stand und vom Süden West-Berlins nach Norden unter Ost-Berlin mit seinen ›Geisterbahnhöfen‹ hindurchführte und nur hier in der Friedrichstraße auf östlichem Gebiet hielt. Die S-Bahn stand dagegen unter DDR-Kontrolle und schien mir zu riskant. Ich verbarg mich auf dem Bahnsteig, so gut es ging, hinter einem Stützpfeiler. (…) Der nächste Zug fuhr in Richtung Norden, was mir sehr gelegen kam, denn ich wollte so schnell wie möglich zum Flughafen Tegel, um von dort auf direktem Weg nach München zu gelangen. Die Bahn kam pünktlich. Ich gesellte mich aber nicht zu den Ankommenden, sondern trat beim Abklingeln hinter meiner Säule hervor und stieg noch schnell vorn ins erste Abteil ein. Der Zug fuhr an. Wenn jetzt noch die Diensthabenden vom Bahnhof Friedrichstraße Alarm auslösten, könnte das nächste Signal auf Rot gesetzt werden, bevor die Bahn West-Berliner Territorium erreicht hatte. Doch der Zug bremste nur auf den zugemauerten ›Geisterbahnhöfen‹ ab, fuhr aber weiter. Als er das erste Mal hielt, leuchtete mir das Schild ›Reinickendorfer Straße‹ entgegen. Es war geschafft.«

Der U-Bahnhof, der seit seiner Eröffnung 1923 bis 1951 Schwartzkopffstraße nach der dort mündenden Seitenstraße hieß, war Schauplatz einer bizarren Volte der Namenspolitik der SED-Führung. Nach der Umbenennung des Walter-Ulbricht-Stadions in Stadion der Weltjugend benannte das Volkseigene Kombinat Berliner Verkehrsbetriebe (BVB) 1973 auch den U-Bahnhof um, der für die Ost-Berliner de facto gar nicht mehr existierte und aus dem öffentlichen Bewusstsein so gut wie verschwunden war. So wurden die Schilder auf dem Geisterbahnhof, die ohnehin nur Fahrgäste von West nach West und das Wachpersonal sahen, ausgewechselt. Es war allerdings eine eher halbherzige Aktion: Nur jedes zweite Schild zeigte den neuen Namen, die anderen wurden lediglich abgedeckt. Seit 1991 trägt der, von Alfred Grenander entworfene, 1923 eröffnete und nun originalgetreu sanierte Bahnhof wieder seinen alten Namen Schwartzkopffstraße und steht unter Denkmalschutz.

Das Gleiche gilt für den heutigen U-Bahnhof Naturkundemuseum, der ebenfalls mehrfach umbenannt wurde. Wegen seiner Nähe zum Stettiner Fernbahnhof hieß die Station seit ihrer Eröffnung 1923 Stettiner Bahnhof. Das änderte sich 1951, nachdem der einstige Fernbahnhof in Nordbahnhof umbenannt worden war – Stettin lag nun in Polen und hieß Szczecin, der alte Name passte nicht mehr. Also wurde auch die U-Bahnstation in Nordbahnhof umbenannt. Das blieb so bis 1991, als in der Senatsverwaltung für Stadtentwicklung die Entscheidung für den Namen Zinnowitzer Straße fiel, eine

Im U-Bahnhof Naturkundemuseum, 2021

Nebenstraße in der Nähe. Ein Grund war die Verwechslungsmöglichkeit mit der S-Bahnstation Nordbahnhof. Doch mit den Jahren wuchs der Wunsch verschiedener Interessengruppen, das nahe gelegene Museum für Naturkunde stärker im Stadtbild zu verankern und die Station so zu nennen. Nach langem Ringen, auch mit Denkmalschützern, die das betont schlichte Werk des U-Bahn-Architekten Grenander gefährdet sahen, erfolgte am 13. Dezember 2009 die Umwidmung zu einem »Themenbahnhof« namens Naturkundemuseum. Die BVG verzichtet auf die Einnahmen aus den Werbetafeln auf einer Seite des Bahnsteigs; diese werden vom Museum mit Hinweisen auf seine Veranstaltungen, Ausstellungen und Exponate gestaltet. Und die lebensgroße Wandskulptur eines Allosaurus fragilis begleitet den Besucher auf dem Weg aus dem Bahnhof in Richtung des Museums in der Invalidenstraße.

Als die Straßenbahnen stoppten

Eine weitere Verkehrsader, die einst ganz Berlin durchkreuzte, war die Straßenbahn. Über die Chausseestraße rollten zeitweise die Wagen von fünf Linien zwischen Mitte und Wedding. Nach dem Krieg ging keine mehr in Betrieb. Schließlich bediente unterirdisch die U-Bahn bis 1961 dieselbe Strecke. So blieb der Chausseestraße ein aufwendiges Verfahren erspart, das den sektorenüberschreitenden Straßenbahnverkehr anderenorts kappte.

Der Anlass dafür ist aus heutiger Sicht kaum zu glauben: Die Ost-Berliner Verkehrsbetriebe setzten ab 1953 auch Frauen als Straßenbahnfahrer ein. Da dies jedoch in West-Berlin ein Männern vorbehaltener Posten war, schickte die West-BVG Ost-Triebwagen mit Frauen an der Kurbel zurück. Daraufhin stoppten beide Seiten ihre Bahnen an der Sektorengrenze. Die Passagiere mussten aussteigen, die Grenze zu Fuß überqueren und mit der dort wartenden Straßenbahn im anderen Sektor weiterfahren. Nach Ansicht von Verkehrsexperten setzte die Ost-BVG damals gezielt Fahrerinnen auf den Linien in den Westen ein, als Mittel der Provokation. In West-Berlin nutzten Senat und BVG-West die Probleme als Einstieg in den ohnehin geplanten Ausstieg aus dem Straßenbahnverkehr.

Die in der Chausseestraße kurz vor der Grenze zum Wedding angelegte Straßenbahnschleife hatte hingegen mit diesen Vorgängen nichts zu tun. Sie wurde 1951 gebaut, um den Besucherverkehr zum Walter-Ulbricht-Stadion besser bewältigen zu können. Die aus Richtung Invalidenstraße kommenden Bahnen bogen nach rechts in die Schwartzkopffstraße ab, dann nach links in die Pflugstraße, nahmen noch eine Linkskurve in die Wöhlertstraße und kehrten mit einem weiteren Linksschwenk in die Chausseestraße zurück, wo die Stadionbesucher ein- und aussteigen konnten. Diese Streckenführung wurde bis 2013 beibehalten, die Schienen liegen zum Teil noch im Straßenbett. Heute wird die Chausseestraße nur noch zwischen Oranienburger Tor und Invalidenstraße von der Tram bedient und dort von der Linie zum Nordbahnhof auch gekreuzt.

Der letzte Schuss an der Mauer

Der Grenzübergang Chausseestraße gehörte zu den weniger prominenten der insgesamt sieben Kontrollstellen in der Mauer. Erst kurz vor dem Ende der DDR geriet er in die Schlagzeilen, weil hier am 8. April 1989 der letzte Schuss zur Verhinderung eines Fluchtversuchs fiel. An diesem Tag wollten die Ost-Berliner Bert Greiser und Michael Baumann auf die denkbar einfachste Weise nach West-Berlin gelangen: indem sie durch den Grenzübergang hindurchrannten. Aus angrenzenden Wohnhäusern hatten sie dafür die gut einsehbare Anlage lange beobachtet und sich mit dem Ablauf der Kontrollen genau vertraut gemacht. Ihr Plan war, den Moment zu nutzen, in dem der Schlagbaum für nach Westen passierende Autos geöffnet war; die Wagen sollten als Deckung vor den Kontrolleuren dienen. Monatelang hatten sie auf einem Sportplatz trainiert, die 150 Me-

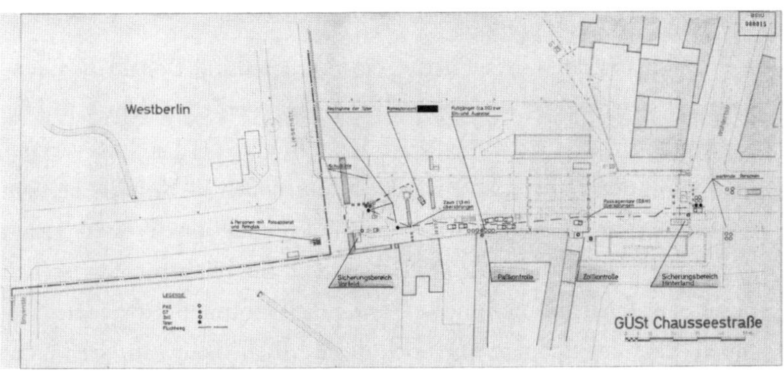

Die Stasi versuchte den Fluchtversuch von Bert Greiser und Michael Baumann am 8. April 1989 zu rekonstruieren.

Die Rückseite der Häuser Pflugstraße 10/6 und 10/7 von der Gartenstraße im Wedding aus aufgenommen, Oktober 1980

ter so schnell wie möglich zu rennen und Barrieren zu überwinden. Sie hatten einen Sonnabendvormittag gewählt, an dem erfahrungsgemäß viel Betrieb an der Grenzstation war. Diskret informierte Freunde sollten ihre Flucht von einer Aussichtsplattform im Westen verfolgen und fotografieren.

Baumann und Greiser hatten eine Verabredung: Sobald die Grenzer auf sie schießen würden, wollten sie sich ergeben. Um 9.30 Uhr starteten sie, und sie kamen weit. Laut einem von der Stasi verfassten minutiösen Protokoll waren sie nur noch sieben Meter vom West-Berliner Gebiet entfernt, ihre Freunde im Westen riefen schon: »Lauft, lauft!«, als ein Schuss fiel. Sie blieben sofort stehen und wurden festgenommen. Dem Stasi-Protokoll ist zu entnehmen, dass der Schütze nur noch diese Möglichkeit sah, die Flucht zu stoppen. Allerdings habe es sich nur um einen Warnschuss, etwa zwei Meter über den Kopf eines der Flüchtenden hinweg, gehandelt.

Ein von den Freunden der Flüchtenden aufgenommenes Foto zeigt den Schützen mit einer Zigarette im Mund, wie er mit der Pistole über eine Absperrung zielt.

In dem Protokoll wird nicht erwähnt, dass laut Befehlslage der Grenztruppen auch ein Warnschuss illegal war. Wenige Tage zuvor, am 3. April, hatte der Kommandeur alle ihm untergebenen Einheiten mündlich angewiesen, »die Schußwaffe im Grenzdienst Staatsgrenze zur BRD und Berlin (West) zur Verhinderung von Grenzdurchbrüchen nicht anzuwenden«, wie es in einer Niederschrift des Ministeriums für Staatssicherheit heißt. Hintergrund war, dass die SED angesichts der massenhaften Fluchtbewegungen in westliche Botschaften, die ČSSR und nach Ungarn die internationale Kritik an ihrem tödlichen Grenzregime nicht durch weitere Opfer an der Mauer anheizen wollte. Erst vier Wochen zuvor, am 5. Februar, war Chris Gueffroy bei seinem Fluchtversuch in Köpenick erschossen worden. Er war, wie man nach dem 9. November wusste, das letzte Todesopfer der innerdeutschen Grenze. Offenbar hatte die mündlich erteilte Weisung an die Grenztruppen die ebenfalls an den Übergängen eingesetzten Stasi-Mitarbeiter noch nicht erreicht – der Schütze gehörte zu ihnen, im Rang eines Hauptmanns. In einem Prozess nach dem Mauerfall wurde er freigesprochen, da ihm nicht nachgewiesen werden konnte, dass er doch gezielt geschossen hatte.

Von dem einstigen Grenzübergang an der Chausseestraße sind kaum noch Spuren zu entdecken. Auf dem früheren Gelände der Kontrollbaracken an der Ecke zur Liesenstraße steht heute eine Tankstelle. Im Straßenpflaster ist der Verlauf der Mauer teilweise mit Pflastersteinen markiert. Aber ein Hotelneubau an der Chausseestraße ist quer über dem einstigen Grenzstreifen errichtet worden, sodass die alten Strukturen nur noch schwer erkennbar sind. Hier zeigen sich einmal mehr die dramatischen Veränderungen der Straße innerhalb weniger Jahre. Noch 2006 notierte der Autor des Blogs *Flanieren in Berlin:* »Der ehemalige Übergang Chausseestraße ist von seinen Proportionen her noch fast völlig erhalten, die freie Fläche vor den weit entfernten Brandmauern der Wohnhäuser konserviert hier bei einer vielbefahrenen Verbindungsachse die Vergangenheit.« Davon kann 15 Jahre später keine Rede mehr sein.

300 Meter Westen

Im Bewusstsein der meisten Berliner war und ist die Chausseestraße ein Teil des (Stadt-)Bezirks Mitte und gehörte während der Teilung allein zu Ost-Berlin. Doch tatsächlich ragt sie noch etwa 300 Meter in den Wedding hinein. In den Jahren nach der politischen Teilung der Stadt bis zum Mauerbau 1961 war dieser Stummel ein attraktives Ziel für Ost-Berliner. In der Chausseestraße 79 zeigte das Grenzkino Polo-Lichtspiele mit 280 Sitzplätzen für wenig Geld *Wochenschauen* und Spielfilme aus dem Westen, oft schon ab halb zehn Uhr vormittags. Der Zuspruch war groß. Die von den Westalliierten geförderten etwa 30 Grenzkinos entlang der Sektorengrenze brachten es nach ihrer Zählung zwischen 1950 und 1961 auf 180 Millionen Besuche. Ost-Berliner konnten dort in der Regel mit ihrem Geld bezahlen, die Karte kostete 1,25 Ostmark. Die Kinos waren Teil des Ost-West-Kampfes, der den Kalten Krieg bestimmte. Wie wirkungsvoll sie waren, offenbarte ein Kommentar der *Berliner Zeitung* am Tag nach dem Mauerbau: »Nun ist es aus mit der Menschenfängerei, mit der Vergiftung unserer Jugend in den Grenzkinos und was noch alles zum Frontstadt-Lebenszweck gehörte. Klappe zu – Affe tot, so sagt der Berliner.«

Gleich gegenüber in der Chausseestraße befand sich das Kaufhaus Hertie, sozusagen das östlichste der West-Berliner Kaufhäuser. Es lag nur ein paar Schritte jenseits der Grenze, wer es von Osten aus anstrebte, passierte erst kurz vor dem Eingang das Schild »Ende des Demokratischen Sektors von Groß-Berlin«. An seiner Brandmauer zum Ostsektor prangte groß der Werbespruch: »Das Kaufhaus des Weddings«, also auch ein KaDeWe, eine freche Anspielung auf das zum selben Konzern gehörende mondäne Kaufhaus des Westens am Wittenbergplatz.

Die heutige Adresse Chausseestraße 69–71 war ein traditionsreicher Warenhausstandort. Schon 1865 ließ der Kaufmann Wilhelm Stein hier ein zweistöckiges Kaufhaus errichten, damals mit der Hausnummer 66. 1928 veräußerten seine Erben es an den Kaufhauskonzern der jüdischen Familie Tietz. Als es ein Jahr später niederbrannte, ließen die neuen Eigentümer an dieser Stelle einen attraktiven Neubau im Bauhaus-Stil errichten. Nach 1933 wurde die Familie Tietz von den Nationalsozialisten weitgehend enteignet und ihre Warenhäuser unter dem Namen Hertie (abgeleitet vom Firmenmitgründer Hermann Tietz) »arisiert«. Das Kaufhaus in der Chausseestraße überstand den Krieg, wurde aber 1945 geplündert und verwüstet. Gleich nach der Währungsreform eröffnete der Konzern es neu, und nun war es ein Anziehungspunkt für Käufer aus Ost und West – bis zum Mauerbau 1961. Auf der West-Berliner Seite wurde der sinnlos gewordene Hinweis »Ende des französischen Sektors« um das Schild »Straßensperrung – verursacht durch die Schandmauer« ergänzt. Damit lag das Hertie-Kaufhaus praktisch am Ende einer Sackgasse und verlor neben der zwar nicht besonders zahlungskräftigen Kundschaft aus dem Osten auch die für ein Kaufhaus wichtige Laufkundschaft. Die unmittelbare Nähe zur Mauer war kein attraktiver Standort mehr. Anfang 1970 wurde es geschlossen und das Gebäude abgerissen. So verödete der West- (eigentlich Nord-)Stummel der Chausseestraße.

Zehn Jahre später entstanden hier Wohnblocks mit den Hausnummern 68–73, den letzten der Chausseestraße in Richtung Norden. Allein das Parkhaus von Hertie auf der anderen Straßenseite existiert noch. Es wird von Mitarbeitern des Pharmakonzerns Bayer genutzt, der das anschließende Firmengelände der einstigen Sche-

Das Hertie-Kaufhaus in der Chausseestraße vor 1945

ring AG übernommen hat. Daneben verläuft eine Zufahrt zum Erika-Heß-Eisstadion, das schon zur Müllerstraße gehört.

Den Übergang zwischen Chaussee- und Müllerstraße markiert die Brücke über den alten Schönhauser Graben. Der mit einem Wehr regulierte Kanal, auch als Nordpanke bezeichnet, führt mit einem leichten Gefälle munter fließendes Wasser der Panke zum Nordhafen am Berlin-Spandauer Schifffahrtskanal. Der Altstrom der Panke knickt vorher im Pankepark nach Süden ab und wird in einem Düker unter der Chausseestraße hindurchgeleitet. Hinter den Häusern der Hausnummer 92 tritt er wieder zutage und fließt als offenes Gewässer, begleitet von einem Grünzug, zum und durch den neu angelegten Südpanke-Park hinter den Gebäuden des Bundesnachrichtendienstes in Richtung Spree. Später ist die Panke wie-

... und nach dem Mauerbau

der in unterirdische Rohre verbannt und mündet so auf Höhe des Berliner Ensembles am Schiffbauer Damm in die Spree.

Nach dem Mauerbau ließen die DDR-Behörden den Düker unter der Chausseestraße zerstören und den anschließenden Flusslauf im Bereich des Grenzstreifens zuschütten, um Fluchtmöglichkeiten zu unterbinden. Zwischen 1961 und 2008, dem Jahr der Wiederherstellung des Dükers, floss deshalb kein Pankewasser durch den Bezirk Mitte. Seither hat der Senat einiges unternommen, um die Panke auch hier zurück ins Stadtbild zu bringen und offen fließen zu lassen. So wurde die Verrohrung im Bereich des neuen Parks hinter dem BND aufgebrochen und der Flusslauf neu angelegt. Auch auf dem weitläufigen Gelände der Charité ist die Panke teilweise wieder oberirdisch unterwegs.

Nachdem viele Jahre ein Übernachtungsplatz für Wohnmobile das brachliegende Grundstück Chausseestraße, Ecke Boyenstraße beherrscht hatte, übernahm die Stadt 2017 wieder die Regie und ließ eine neue Schule bauen. Die Grundschule am Nordhafen war der erste Schulneubau nach der »Wende« im Bezirk. Damit erhielt die einstige direkt am Grenzstreifen liegende Kreuzung wieder ein großstädtisches Gesicht, und auch die Grenzerfahrungen der Menschen auf der West-Berliner Seite der Mauer gehören hier der Vergangenheit an.

8
»VOR DER KASERNE …«
Der spezielle Standort des BND

Maikäfer, Grützmacher, Zickenwiese, Schlapphüte. Das alles sind Schlagworte, die zu einem Abschnitt der Chausseestraße passen, der mit einer wahrlich wechselvollen Geschichte aufwarten kann. Er trägt heute die Hausnummern 94 bis 98 und ist Sitz des Bundesnachrichtendienstes (BND), dessen 6500 Mitarbeiterinnen und Mitarbeiter von manchen lustig aufgelegten älteren Zeitgenossen bis heute Schlapphüte genannt werden. Denn mit denen wollten angeblich Spione früher ihr heimliches Tun tarnen. Darüber kann man beim deutschen Auslandsgeheimdienst kaum noch schmunzeln. Es ist auch so ziemlich das Letzte, was einem beim Betrachten dieses monumentalen Kastens mit den Schießschartenfenstern einfällt, der die Chausseestraße beherrscht und zugleich betäubt wie kein anderes Gebäude. Denn eines ist gewiss: So still wie heute ist es dort in der mehr als 200-jährigen Geschichte der Straße nie zugegangen.

Friedrich Engels in der Sandwüste

Dabei kann man sagen, dass der BND in gewisser Weise an frühere Traditionen der Gegend anknüpft. Schon im 18. Jahrhundert nutzte der preußische Staat, genauer gesagt sein Militär, das Gelände als Exerzierplatz. Er trug den Namen Grützmacher nach einem der Pächter, die im 18. Jahrhundert die sandigen Flächen vor den Toren

Berlins mit Obst- und Gemüseanbau nutzbar machen sollten. Sehr erfolgreich war Grützmacher offenbar nicht. Friedrich Engels, der als Rekrut und »Bombardier« in einer Kaserne am Kupfergraben stationiert war, berichtete 1842 in einem Brief an seine Schwester Marie: »Auch haben wir jetzt ein sehr anmutiges Exerzieren auf dem sogenannten Grützmacher, welcher ein sehr großer Platz ist, wo man bis über die Knie in den Sand versinkt und welcher die schöne Eigenschaft hat, daß er elektrisch ist. Wenn nun die zwölfte Gardefußartillerie-Kompagnie, bei welcher ich stehe und welche auch elektrisch ist, aber negativ, dahin kommt, so stoßen positive und negative Elektrizität zusammen, machen Skandal und Verwirrung in der Luft und ziehen die Wolken an. Anders weiß ich es mir wenigstens nicht zu erklären, daß es immer regnet oder schneit, wenn unsre Kompanie auf den Grützmacher geht.«

Die am Rande des Feldes errichteten Artilleriewagenhäuser gingen während des Märzaufstandes 1848 in Flammen auf. An ihrer Stelle entstanden 1850 bis 1853 drei lang gezogene Kasernengebäude, die für die folgenden 65 Jahre von den Soldaten des preußischen Garde-Füsilier-Regiments bezogen wurden. Sie bekamen im Volksmund bald einen anderen Namen: Es war fortan die Maikäferkaserne. Und nachdem auch Kronprinz Friedrich Wilhelm einmal diese Bezeichnung benutzt hatte, übernahm sie das Militär als Ehrenname: »Es lebe hoch das Regiment, welches sich mit Stolz Maikäfer nennt«, lautete nun der Schriftzug am Kasernentor.

Die Herkunft des Namens ist nicht ganz klar. Ursprünglich war das erste Bataillon der Einheit in Potsdam stationiert, das zweite in Spandau. Im Mai marschierten die Spandauer zum gemeinsamen Manöver nach Potsdam. Der Legende zufolge wurden sie dort von Kindern, die gerade Maikäfer sammelten, mit ebendiesem Zuruf begrüßt: »Maikäfer«, möglicherweise wegen ihrer farbenfrohen Uniform – wobei Maikäfer das eigentlich gerade nicht sind. Das Regiment galt als besonders vornehm. In seinem Offizierskorps dienten

Postkarte mit Offizierskasino und Mannschaftsunterkünften der Garde-Füsiliere, der sogenannten Maikäfer, in der Chausseestraße um 1904

vor allem Adlige, und während der Kaiserzeit hatte es Soldaten für die Wache am Stadtschloss abzustellen. Auch deshalb betrachteten die Hohenzollern die »Maikäfer« als ihnen besonders zugetane Soldaten, deren einwandfreies Betragen sie bei verschiedenen Gelegenheiten lobten.

Diese Bindung hielt bis in die Tage der Novemberrevolution 1918, als die Maikäfer zu den letzten kaisertreuen Truppen zählten. Als revolutionäre Demonstranten das Kasernentor eindrückten, empfing sie Gewehrfeuer. Die ersten drei Toten der Revolution waren hier an der Chausseestraße zu beklagen.

Über Jahrzehnte haben die Maikäfer, aber auch zu Übungen auf dem Grützmacher-Exerzierplatz an- und abmarschierende Soldaten anderer Einheiten, das Bild der Chausseestraße mitbestimmt. Das änderte sich erst mit der weitgehenden Demilitarisierung Deutschlands nach der Niederlage im Ersten Weltkrieg.

Doch die Maikäferkaserne hat nicht nur eine militärische Geschichte. Sie gilt auch als Geburtsort des Soldatenlieds »Lili Marleen«. Laut seinen Erinnerungen schrieb der Schriftsteller Hans Leip das Lied als Soldat während seines Dienstes in der Wachstube am Tor der Kaserne in der Nacht von Karfreitag auf Ostersonnabend 1915, kurz bevor er an die Ostfront nach Russland verlegt wurde. Einer größeren Öffentlichkeit wurde das Lied erst knapp 25 Jahre später, mit Beginn des Zweiten Weltkriegs, durch eine Schallplattenaufnahme mit Lale Andersen bekannt. Vertont hatte die Zeilen inzwischen der damals 27-jährige Komponist Norbert Schultze. Das melancholische Chanson mit seinem leichten Marschrhythmus traf den Zeitgeist perfekt. Es entwickelte sich während des Krieges zu einem Welterfolg und wurde von den Soldaten und ihren Angehörigen auf beiden Seiten der Front gesungen und geliebt. Ausgangspunkt war der deutsche »Besatzungssender Belgrad«, der mit seiner hohen Sendeleistung auf Mittelwelle in ganz Europa und Nordafrika gehört werden konnte und das Lied täglich spielte. Marlene Dietrich nahm 1943 in den USA eine eigene Version für die amerikanischen Truppen auf. Daraufhin versuchten die Nationalsozialisten, die weitere Ausstrahlung des Liedes zu unterbinden – vergeblich. Seine Popularität war zu groß geworden, ein erster Welthit war entstanden. Die Schallplatte wurde mehr als eine Million Mal verkauft, damals ein Rekord.

Vor der Kaserne vor dem großen Tor
Stand eine Laterne
Und steht sie noch davor
So wollen wir uns da wiedersehen
Bei der Laterne wollen wir stehen

Wie einst
Lili Marleen

Wie einst
Lili Marlen

Unsre beiden Schatten sahen wie einer aus
Dass wir uns so lieb hatten
Das sah man gleich daraus
Und alle Leute sollen sehen
Wenn wir bei der Laterne stehen

Wie einst …

Deine Schritte kennt sie
Deinen schönen Gang
Aller Abend brennt sie
Mich vergaß sie lang
Und sollte mir ein Leid geschehen
Wer wird bei der Laterne stehen

Mit dir
Lili Marleen?
Mit dir
Lili Marleen?

Aus dem stillen Raume
Aus der Erde Grund
Hebt mich wie im Traume dein verliebter Mund
Wenn sich die späten Nebel drehen
Werd' ich bei der Laterne stehen

Wie einst …

(Text: Hans Leip, Melodie: Norbert Schultze)

Vom Polizeisportplatz zum Stadion der Weltjugend

Nach dem Abzug des Militärs aus der Chausseestraße übernahm die Berliner Polizei das Gelände. Auf dem Exerzierplatz entstanden Sportanlagen, darunter das Polizeistadion Mitte. Es diente unter anderem den Fußballern des Polizei-Sport-Vereins Berlin als Heimstadion für ihre Oberligaspiele. Während der Olympischen Sommerspiele 1936 wurden hier Wettbewerbe im Feldhandball ausgetragen. Die einstige Maikäferkaserne wurden im Zweiten Weltkrieg zerstört und später abgerissen. Das ebenfalls zerstörte Polizeistadion aber entstand Ende der 1940er-Jahre als Walter-Ulbricht-Stadion ganz neu. Der Bauhaus-Schüler Selman Selmanagić und

der in der Sowjetischen Besatzungszone und später der DDR führende Landschaftsarchitekt Reinhold Lingner schufen »eine ebenso schlichte wie durchgeformte Anlage«, wie es in *Berlin. Der Architekturführer* heißt. Dazu zählten Fußballfelder, Leichtathletikanlagen, Tennisplätze und eine Gaststätte. Das Ganze wurde getreu der Bauhauslehre anspruchsvoll durchgeplant. Selmanagić' Entwürfe erstreckten sich bis zu Lampen, Lautsprechern und Papierkörben. Mit 70 000 Zuschauerplätzen war das Walter-Ulbricht-Stadion das modernste, dazu eines der schönsten und größten Stadien in der DDR. 1950 fand hier das erste Deutschlandtreffen der Freien Deutschen

Eröffnung des II. Deutschlandtreffens für Einheit, Frieden und Freiheit im Walter-Ulbricht-Stadion, 5. Juni 1954

Jugend (FDJ) statt und ein Jahr später die III. Weltfestspiele der Jugend und Studenten. Mit 26 000 Teilnehmern aus 104 Ländern war dies die erste internationale Großveranstaltung in der jungen DDR. Zum Auftakt spielte die DDR-Fußballnationalmannschaft gegen Dynamo Moskau in dem vollbesetzten Stadion.

Die Chausseestraße war in den Jahren, als die Mauer noch nicht stand, auch wegen des Stadions eine pulsierende Lebensader. An den Wochenenden kamen Zehntausende Menschen zu den Spielen der Fußballoberliga. Bis 1961 bestritt hier Dynamo Berlin seine Heimspiele. Europapokalpartien fanden statt, und die Internationale Friedensfahrt, das östliche Pendant zur Tour de France, startete im Walter-Ulbricht-Stadion oder hatte hier ein Etappenziel. In den 1950er-Jahren gab es auch diverse Gesamtberliner und deutsch-deutsche Fußballereignisse an der Chausseestraße, zum Beispiel eines von zwei »Aussöhnungsduellen« zwischen einer West- und einer Ost-Berliner Stadtauswahl und 1955 das Spiel einer Gesamtberliner Auswahl gegen eine Mannschaft aus Prag, das die Berliner vor 70 000 begeisterten Zuschauerinnen und Zuschauern aus Ost und West gewannen.

Während heute der Begriff Geisterspiele für Sportbegegnungen ohne Zuschauer in unseren von der Coronapandemie geprägten Sprachgebrauch übergegangen ist, hatte er damals noch etwas Geheimnisvolles. Weil sich Bundesrepublik und DDR vor den Olympischen Spielen 1960 nicht auf eine gemeinsame deutsche Fußballnationalmannschaft einigen konnten, gab es zwei Ausscheidungsbegegnungen unter Ausschluss der Öffentlichkeit. Das erste dieser »Geisterspiele«, wie sie damals auch schon genannt wurden, fand am 16. September 1959 im Walter-Ulbricht-Stadion statt. Das DDR-Team verlor 0:2 und konnte auch das Rückspiel in Düsseldorf nicht gewinnen. Die westdeutsche Mannschaft scheiterte dann aber schon in der Qualifikation für die Spiele in Rom, bei denen Bundesrepublik und DDR ansonsten noch mit einem gemeinsamen Team antraten.

Für die Anwohner der Chausseestraße war das Walter-Ulbricht-Stadion nicht nur Austragungsort großer Sportereignisse, auch die Schülerinnen und Schüler der umliegenden Schulen kamen zum Sportunterricht und in ihrer Freizeit. »Ich bin da auf der Aschenbahn gelaufen, habe Volleyball gespielt«, erinnert sich die Journalistin Regine Sylvester. Die Jungs spielten Fußball auf den verschiedenen Plätzen. »Da war immer Leben, viele Menschen, Gebrüll und Gequietsche.«

Nach dem Mauerbau veränderte sich die Atmosphäre. »Die Nähe der Grenze ist einem da immer bewusst gewesen, sie war ja sehr sichtbar«, sagt Sylvester. »Da spielte oft ein Gedanke mit: Was machen wir eigentlich, und was machen die eigentlich, wenn bei einer Großveranstaltung mit Zehntausenden Teilnehmern die Leute plötzlich sagen: Los, lasst uns rennen! Es waren ja nur 150 Meter in den Westen, und damals war die Mauer noch nicht so hochgerüstet.«

Den Spottnamen Zickenwiese, der in manchen Texten als Volksmund für das Walter-Ulbricht-Stadion zitiert wird, hat Regine Sylvester übrigens nie gehört: »Das [gemeint ist Walter Ulbricht] war doch der Spitzbart, nicht die Zicke.«

Das rote Woodstock

1973 wurde für die in Ost-Berlin stattfindenden X. Weltfestspiele der Jugend und Studenten das Stadion zwischenzeitlich geschlossen, modernisiert und umgebaut. Die Zuschauerzahl verringerte man auf 50 000, davon 20 000 Sitzplätze. Und im Zuge des Umbaus verlor das Stadion seinen Namen: Mit der Wiedereröffnung am 28. Juli 1973 hieß es Stadion der Weltjugend. Die Zeiten des Personenkults waren vorbei und Ulbricht war schon zwei Jahre zuvor von Erich Honecker an der Parteispitze abgelöst worden.

Dennoch verbinden ältere Berliner seinen Namen noch immer mit dem Stadion. Der frühere KPD-Funktionär Ulbricht war 1945 von den Sowjets als Chef der »Gruppe Ulbricht« aus dem Moskauer Exil nach Berlin gebracht worden, um in der sowjetischen Zone Deutschlands ein sozialistisches System aufzubauen. Er wurde dann in den ersten 20 Jahren der DDR als Generalsekretär beziehungsweise Erster Sekretär des Zentralkomitees der SED mit zahlreichen weiteren Funktionen ihr mächtigster Politiker. Unter seiner Führung wurde der Aufstand vom 17. Juni 1953 niedergeschlagen und der Mauerbau am 13. August 1961 in die Wege geleitet. Der nicht besonders stattliche und redebegabte Mann mit seinem sächsischen Akzent war alles andere als ein Sympathieträger. Dennoch war er womöglich volksnäher als sein Nachfolger Erich Honecker, der die zweite Hälfte der DDR-Geschichte bestimmte.

In den 1950er-Jahren wurden im Kontext des stalinistischen Personenkults viele Einrichtungen in der DDR nach Walter Ulbricht benannt. Dass das Stadion in der Chausseestraße auch seinen Namen erhielt, hatte aber einen gewissen Sinn. Denn Ulbricht war ein großer Sportsfreund. Seit seiner Jugend hatte er Sport getrieben, und in der DDR tat er viel für die Förderung des Breitensports. Seine Parole »Jeder Mann an jedem Ort, einmal in der Woche Sport« gehörte in den 50ern zu den geflügelten Worten in der DDR. Dabei mischten Ulbricht und seine Frau Lotte sich gern unter die Leute. Man sah sie bei Massenturnübungen im Stadion, beim Eislaufen, beim Skifahren, beim Rudern oder beim Volleyball. »Uns gefiel, dass er nicht nur von der Tribüne zuschaute, sondern mit uns schwitzte«, erzählte Hans Modrow, der letzte SED/PDS-Ministerpräsident der DDR, aus seiner Zeit als FDJ-Funktionär. Ulbricht sei es im Sport weniger um Konkurrenz und Leistung gegangen als um Entspannung und eine sinnvolle Freizeitgestaltung. Die extreme Konzentration auf den Leistungssport habe es erst in der Nach-Ulbricht-Zeit gegeben.

Diese brach ausgerechnet während der Weltfestspiele von 1973 an, die sich zu einer Art Sommermärchen entwickelten, manche sprachen auch vom roten Woodstock. Die DDR präsentierte sich für acht Tage unerwartet weltoffen. Der ewige Kritiker Wolf Biermann merkte sarkastisch an: »Die Jugend der Welt zu Gast bei einer Jugend, die nicht in die Welt darf.« 25 000 junge Leute aus 140 Ländern prägten das Stadtbild und das Leben zwischen Chausseestraße und Alexanderplatz, darunter auch knapp 1000 aus Westdeutschland und West-Berlin, vom DKP-Nachwuchs über Jungsozialisten bis zu Pfadfindern. Es gab Diskussionsveranstaltungen und Demonstrationen, aber auch Sport, Rockkonzerte und Partys, und viele feierten in den Parks bei schönstem Sommerwetter bis in die Morgenstunden weiter. Noch nie seit dem Mauerbau hatte sich die DDR so international und so locker gezeigt, wenn auch im Hintergrund ein ausgeklügeltes Überwachungssystem von Polizei, FDJ und Stasi mit 4000 Spitzeln das Geschehen unter Kontrolle hielt.

Mitten in dieser Stimmung starb Walter Ulbricht am 1. August. Innerhalb kürzester Frist entschied die SED-Führung, dass das Festival unverändert weiterlaufen sollte. Mit einem prächtigen nächtlichen Höhenfeuerwerk über der Stadt ging es am 5. August zu Ende. Erst anschließend, am 7. August, gedachte die SED in einem Staatsakt ihres einstigen Anführers, dem nur der weitgehend einflusslose Posten des Staatsratsvorsitzenden geblieben war. »Kalt und korrekt« sei der Umgang mit seinem Tod gewesen, merkte der einstige SED-Funktionär Wolfgang Berghofer an. Die Hoffnungen auf eine das Festival überdauernde Liberalisierung erfüllten sich für die Menschen in der DDR nicht.

Das Stadion entwickelte sich in den folgenden Jahren zu einem Zentrum des DDR-Fußballs. Ab 1975 bis 1989 fanden hier alle Endspiele des FDGB-Pokals statt, und insgesamt 13-mal trat die Nationalmannschaft gegen ausländische Teams an. Ab 1976 wurden hier auch alle Stadtderbys zwischen den Ost-Berliner Vereinen BFC

Fußballfans auf dem Weg ins Stadion der Weltjugend, 1987, Standbild aus dem DEFA-Dokumentarfilm »Feuerland«

Dynamo und 1. FC Union ausgetragen. Sie waren stets von besonderer Brisanz, weil Dynamo als Stasi-Klub verschrien war, während Union eher regimekritische Fans und eine spezielle Hooliganszene anzog. Anhänger beider Vereine gerieten oft aneinander. Möglicherweise wählten die Sicherheitsorgane das Stadion auch deshalb als Austragungsort dieser Spiele, weil es nach West-Berlin von der Mauer begrenzt wurde und so der An- und Abmarsch der Fans besser kontrolliert werden konnte. Die Union-Fans zogen mit Vorliebe lautstark die Chausseestraße entlang. Auf Höhe der Ständigen Vertretung der Bundesrepublik an der Hannoverschen Straße erschallten dann manchmal »Deutschland, Deutschland«-Rufe. Während der Bauarbeiten an seinem Stadion Alte Försterei in der Wuhlheide nutzte der 1. FC Union das Stadion an der Chausseestraße 1981 auch für seine Heimspiele.

Das größte Bauprojekt seit dem Zweiten Weltkrieg

Mit dem Fall der Mauer und der Wiedervereinigung Berlins verlor das Stadion seine Bedeutung. Für nationale und internationale Großereignisse stand nun das Olympiastadion in Charlottenburg zur Verfügung, und wie so oft in der Konkurrenz zwischen West und Ost zog auch hier der Osten den Kürzeren. Es wurde kaum noch in das Stadion an der Chausseestraße investiert, das zusehends herunterkam. Das hing zum Schluss allerdings auch mit dem Zauberwort Olympia zusammen. Anfang der 1990er-Jahre reifte im Senat die Idee, die Olympischen Spiele 2000 in das wiedervereinigte Berlin zu holen. Dafür wollte man auch – wie schon 1936 – das weitläufige Gelände an der Chausseestraße nutzen. Doch die Bewerbung endete in einem Desaster. Bei der Abstimmung des Internationalen Olympischen Komitees (IOC) am 23. September 1993 in Monte Carlo schied Berlin schon im zweiten Wahlgang mit ganzen neun Stimmen aus. Die Spiele fanden sieben Jahre später in Sydney statt, während in Berlin noch lange an den Folgen dieser besonderen Mischung aus Größenwahn und Unfähigkeit laboriert wurde. Die Bewerbung um das größte Sportereignis der Welt war von Anfang an von Skandalen begleitet worden: Unregelmäßigkeiten bei der Bewerbergesellschaft, Selbstbedienungsmentalität und Bestechungsversuche von IOC-Mitgliedern mündeten schließlich in einem Eklat, als bekannt wurde, dass Dossiers über die IOC-Größen, auch über ihre sexuellen Präferenzen, angelegt werden sollten.

Die Stadtgesellschaft hatte ohnehin andere Probleme, sie musste den schwierigen Vereinigungsprozess zweier kompletter Großstädte mit allen sozialen und politischen Verwerfungen bewältigen. Die Werkstatt der deutschen Vereinigung stand in jenen Jahren in Berlin. Die Chausseestraße aber traf es besonders schwer. In vorauseilendem Olympiaeifer hatte die Stadt das Stadion der Weltjugend bereits dem Erdboden gleichmachen lassen. Hier sollte eine Mehrzweckhalle für 15 000 Zuschauer mit allem Drum und Dran für verschiedene Olympiawettbewerbe entstehen. Doch wie so oft in Berlin geschah erst einmal lange gar nichts.

Die *Berliner Zeitung* berichtete am 11. August 1994: »Seit Monaten liegt das Gelände des ehemaligen Stadions der Weltjugend an der Chausseestraße brach. Drei Fußballfelder, neun Tennis- und zwei Werferplätze sowie eine Schwerathletikanlage wurden neben Grünflächen und Wegen auf dem rund 13 Hektar großen Areal plattgemacht. Hinter dem alten rostigen Zaun an der Chausseestraße erstreckt sich nur eine weite, kahle Fläche. Unkraut wuchert. Nichts ist übrig vom Stadionkessel, der bis zu 55 000 Zuschauern Platz bot. Viele Anwohner verstehen nicht, wieso das Stadion abgerissen wurde, wenn dann doch nichts passiert. ›Man hätte entweder bis zur Olympiaentscheidung warten sollen oder so lange, bis ein richtiges Konzept vorliegt. Eine Schande ist das‹, schimpft Manfred Koster. Die Leute klagen auch, daß der Wind nun den Flugsand zu den Wohnhäusern trägt. ›Alles, was Dreck ist, kommt zu uns rüber. Man kann ja seine Fenster nicht mehr aufmachen‹, sagt Waltraud Kuhn. Deshalb wurde vor drei Wochen eine spezielle Lösung mit Grassamen auf die Flächen gespritzt, die zusätzlich mit Sprengern bewässert werden.«

Nach dem Scheitern der Olympiabewerbung erarbeitete der Bezirk Mitte 1993 ein neues Konzept für das Stadiongelände. Die *Berliner Zeitung* zitierte Mittes Sportstadtrat Dankwart Brinksmeier (SPD): »Wir wollen ein Kleinstadion und zwei Nebenplätze, eine Sporthalle und vier Tennisplätze auf 62 500 Quadratmetern unterbringen. Mehr als die Hälfte dieser Fläche würde für Freizeitanlagen wie Street- oder Beachball, für Liegewiesen, Kinderplansche und Wege genutzt.« Außerdem sollten neue Wohnungen entstehen. Sportsenator Jürgen Klemann (CDU) habe auf diese Vorschläge geantwortet, dass der Senat am Bau der Großsporthalle festhalte.

Sollte das Projekt nicht verwirklicht werden, sei er aber bereit, den Bezirk bei der grundsätzlichen Zielrichtung seiner Ideen zu unterstützen. Da Finanzsenator Elmar Pieroth (CDU) den Bau der Olympia-Halle ausgeschlossen habe, wollte Brinksmeier nun Klemann um Unterstützung bitten.

Doch weder der Bebauungsplan noch sonst irgendetwas von den so menschenfreundlich klingenden Plänen des Bezirks wurde verwirklicht. Auf der staubigen Brache entstanden einige private provisorische Anlagen für Mountainbiker, Beachvolleyballer und Golfanfänger. Die Gegend wurde zu einer Art Niemandsland zwischen der aufblühenden Friedrichstraße und dem bodenständigen Wedding. Es gab immer noch zahlreiche Kriegsruinen, Baulücken und eben das 300 Meter lange staubige Nichts zwischen Habersaath- und Boyenstraße. Im Bezirksamt Mitte machte man sich Sorgen, die Straße und ihre Umgebung könnten zu einem Elendsviertel verkommen.

Doch dann, fast zehn Jahre später, trat die rot-grüne Bundesregierung 2003 plötzlich mit einer ganz anderen Idee auf den Plan. Sie wollte den Bundesnachrichtendienst, der in Pullach bei München ein diskretes Eigenleben führte, in die Hauptstadt holen. Der im Zuge der Globalisierung und ihrer Krisen immer wichtiger werdende Auslandsgeheimdienst sollte in räumliche Nähe des Kanzleramtes rücken. Da bot sich die Brache an der Chausseestraße geradezu an. Aber ein Geheimdienst mitten in der Stadt? Das wurde der kritischen Öffentlichkeit als Akt der Demokratisierung verkauft. In Berlin werde der BND aus dem Dunkel des Pullacher Waldes in die Mitte der Gesellschaft treten, sein diskretes Werk quasi unter den Augen der Öffentlichkeit verrichten.

Das Projekt war von Anfang an umstritten. Schon die Ausschreibung für das größte öffentliche Bauprojekt seit dem Krieg stieß auf Widerspruch, denn sie wurde in den Augen vieler zur Geheimsache: Nur eine kleine Gruppe handverlesener ausschließlich deutscher Architekturbüros durfte sich bewerben. Von ihnen durften nur je-

Das BND-Hauptgebäude, 2020

weils maximal 15 sicherheitsüberprüfte Mitarbeiter in die Planungen eingeweiht werden. Zur Begründung hieß es, dass kleinere Büros das Mammutvorhaben mit 250 000 Quadratmetern Baufläche nicht bewältigen würden und dass bei ausländischen Büros die Einhaltung der hohen Sicherheitsstandards nicht überprüfbar sei.

Die von weiteren Fachleuten beratene dreiköpfige Jury – BND-Präsident August Hanning, der Präsident des Bundesamtes für Bauen und Raumordnung Florian Mausbach und der Berliner Senatsbaudirektor Hans Stimmann – entschied sich für den Entwurf des renommierten Berliner Büros Kleihues + Kleihues. Zur Begründung hieß es unter anderem: »Scheinbar mühelos meistern die Architekten die Integration einer Großform in den Stadtkörper, wie auch im Detail die Reaktion auf die baulichen Gegebenheiten der Umgebung. Durch die Konzentration von gut dimensionierten Baukörpern an den Seitenstraßen und am zentralen Eingang werden baumbestandene Freiräume an der Chausseestraße gewonnen, die dem großen Baukörper eine noble Distanz zur Straße gewähren. Die Komposition der Fassade beruht auf der stringenten Einhaltung eines konstanten Rhythmus. Durch minimale Variationen im Material und in dessen Zuschnitt changieren die Ansichten zwischen den einzelnen Flügeln. Der innere Aufbau des Komplexes, Erschließung, funktionelle Zuordnung der Räume und die Organisation der Raumeinheiten selbst sind klar und einfach. Insgesamt handelt es sich um einen bemerkenswert gut durchgearbeiteten und einprägsamen Entwurf, der bei Besuchern und Nutzern einen positiven Eindruck hinterlassen wird.«

Kritiker sprachen hingegen schon damals davon, an der Chausseestraße entstehe eine vollkommen abgeschlossene »verbotene Stadt«.

Ein Besuch beim Bundesnachrichtendienst

Es ist Freitagnachmittag, einer dieser kalten Berliner Wintertage im Januar 2021. Die Schneewolken sind aufgerissen, späte Sonnenstrahlen scheinen über Berlins Mitte und lassen die Rückseite der mächtigen Zentrale des Bundesnachrichtendienstes funkeln. Aus den Personaleingängen an der Chausseestraße und an der Ida-von-Arnim-Straße tröpfeln Mitarbeiter des deutschen Auslandsgeheimdienstes hinaus ins Freie. Einer zieht einen Rollkoffer hinter sich her, eine Frau trägt einen schmalen Rucksack, andere haben eine Aktenmappe unter dem Arm. Sie sehen aus wie normale Büroangestellte auf dem Weg ins Wochenende. Würde man sie ansprechen und nach ihrem Arbeitsplatz fragen, würden sie die Auskunft verweigern und nicht einmal ihren Namen verraten. Das sind die Regeln für die Mitarbeiter des Geheimdienstes, selbst wenn sie hier in der Zentrale vielleicht nur Sekretärin oder Verwaltungsbeamter sind.

Bei Martin Heinemann ist das anders. Er ist der Pressesprecher und Kommunikationschef des BND. Seine Aufgabe ist es, so offen wie möglich aufzutreten und dennoch nicht zu viel zu verraten.

Er personifiziert sozusagen das Spannungsverhältnis, das über diesem gigantischen Gebäudekomplex auf der Fläche von 36 Fußballfeldern liegt: mitten in der Stadt und doch fast vollkommen von ihr abgeschieden. Das Spannungsverhältnis ist gewollt, bewusst gewählt mit der Entscheidung, den BND aus dem Wald von Pullach bei München ins Zentrum der Hauptstadt zu holen. Nun arbeiten hier 4000 Beschäftigte im Normalbetrieb, der über einige Jahre langsam hochgefahren wurde. Wie funktioniert das? Wie fremd ist der Fremdkörper mit den gewaltigen Ausmaßen der Nachbarschaft an der Chausseestraße geblieben?

Wir treffen uns mit Martin Heinemann am Eingang des Informationszentrums des BND an der Habersaathstraße, ein Kollege kommt dazu, er hat den Schlüssel. Dass hier alles so verrammelt und verlassen erscheint, liegt nicht nur am späten Freitagnachmittag. Wie alle öffentlichen Einrichtungen folgt der BND den Regeln der Pandemiebekämpfung und hält sein Besucherzentrum seit Monaten geschlossen. Unser Treffen ist eine Ausnahme und der Zeitpunkt kein Zufall. Am Freitagabend ist die Zahl der Mitarbeiter des Geheimdienstes, denen der Besucher beim bewachten Gang durch das Gebäude begegnet, denkbar gering. Und so soll es auch sein.

Doch erst einmal durchstreifen wir das Informationszentrum, wohl das einzige seiner Art auf der Welt. Mit modernsten museumsdidaktischen Mitteln präsentiert der BND hier seine Arbeit, was Martin Heinemann mit einigem Stolz vorführt. Seit etwa zehn Jahren arbeitet der hoch gewachsene frühere Bundeswehroffizier mit zahlreichen Auslandseinsätzen als Sprecher des BND. Er tut dies freundlich, professionell, mit deutlicher Stimme und Überzeugung.

Auf zwei Etagen werden die Aufgaben und die Arbeitsweisen des Dienstes anschaulich mit Hilfe multimedialer und interaktiver Stationen erläutert. Es gibt einige spektakuläre Ausstellungsstücke zu sehen wie die echte Sprengstoffweste eines Attentäters aus Afghanistan oder eine iranische Gaszentrifuge zur Anreicherung von Uran. Diese verweisen auf zwei wichtige Aufgabenfelder der Gegenwart: die Bekämpfung des internationalen Terrorismus und der Weiterverbreitung von Atomwaffen. An die Zeiten des Kalten Krieges erinnern Objekte, mit denen man Dokumente über die innerdeutsche Grenzen schmuggeln konnte, zum Beispiel in einer Kleiderbürste, die nur durch den Zug an einer bestimmten Borste zu öffnen war.

Entscheidend sind heute aber die weltweite Informationsgewinnung und -auswertung, die die Hauptbeschäftigung des BND ausmachen. Einer größeren Öffentlichkeit wurde das vor einigen Jahren im Zusammenhang mit den spektakulären Enthüllungen des ehemaligen CIA-Mitarbeiters Edward Snowden klar. Er berichtete über die massenhafte, weltweite Ausspähung von Internet- und Fernmeldedaten von Millionen Bürgern durch den US-Geheimdienst NSA. An dieser Praxis war über deutsche Netzknotenpunkte und Antennenanlagen wie der in Bad Aibling auch der BND beteiligt. Er tat dies auf zweifelhafter gesetzlicher Grundlage. Das Bundesverfassungsgericht hat das BND-Gesetz von 2016 in entscheidenden Punkten für verfassungswidrig erklärt, da es gegen das Fernmeldegeheimnis und gegen die Pressefreiheit verstoße. Die Beratungen über eine Neufassung ziehen sich über Jahre hin.

Aus dem Skandal – der unter anderem Gegenstand eines Untersuchungsausschusses im Bundestag war – zog die Bundesregierung auch die Konsequenz, der Öffentlichkeit die Arbeit des BND in transparenter Weise zu präsentieren. Ein Mittel dazu ist das Besucherzentrum in Berlin, das vor der Pandemie von etwa 400 Gruppen jährlich besucht wurde. Die meisten kamen aus den Wahlkreisen von Bundestagsabgeordneten. Das Ganze diene auch der Personalwerbung, gibt Heinemann zu. »Wenn eine ältere Dame aus Wanne-Eickel ihrem Enkel erzählt, wie spannend es beim BND war, wird der sich vielleicht über Berufsmöglichkeiten bei uns informieren.« Der BND ist ständig auf der Suche nach Experten, in diesen Zeiten vorzugsweise auch IT-Spezialisten mit Hackerfähigkeiten. Um die Wirkung des Besucherzentrums zu erhöhen, gibt es den Plan, es nicht nur für angemeldete Gruppen, sondern auch für zufällige Passanten und Touristen zu öffnen.

Der Wunsch, den BND nicht mehr zu verstecken, sondern herzuzeigen, ein »selbstbewusstes Gebäude in der Stadt« zu schaffen, wie es der damalige BND-Präsident August Hanning 2005 formulierte, führte zu dem Plan, ein architektonisch herausragendes Ensemble zu errichten. Aber wie viele große Bauprojekte begleiteten auch dieses Unternehmen jahrelange Verzögerungen, Pannen und Kostensteigerungen. Als 2008 der Grundstein gelegt wurde, gingen die Planer von etwa 700 Millionen Euro Kosten und einem Umzug im Jahr 2014 aus. Doch dann gab es fehlerhafte Installationen, geheime Baupläne verschwanden, Diebe stahlen hunderte Wasserhähne und hinterließen schwere Wasserschäden. So kosteten Neubau und Umzug am Ende 1,3 Milliarden Euro. Entstanden ist mit 5200 Räumen und 135 000 Kubikmetern verbautem Beton das nach dem Flughafen Tempelhof zweitgrößte Gebäude Berlins.

13 Jahre nach dem ersten Spatenstich eröffnete die Bundeskanzlerin im Februar 2019 schließlich die neue Zentrale und erinnerte an die symbolische Bedeutung des Standorts im einstigen Ost-Berlin, nur wenige Meter von der ehemaligen Mauer entfernt. »Hier war noch vor 30 Jahren mit der Staatssicherheit der DDR ein anderer Geheimdienst aktiv«, sagte Merkel. »Er wurde gegen die eigene Bevölkerung aktiv.« Der BND werde hingegen demokratisch kontrolliert. Dass dafür die Lage mitten in der Stadt noch kein Garant ist, hat die Stasi mit ihrer Zentrale an der Normannenstraße allerdings auch gezeigt.

Wir laufen jetzt an der langen Front der Chausseestraße mit den zwei Torhäusern entlang. Ein hoher Metallzaun grenzt das Gelände ab, in kurzen Abständen stehen Masten mit Videokameras und Infrarotsensoren. Die Lamellen sind so ausgerichtet, dass man auf das 30 Meter entfernte Gebäude schauen kann, das seinen massiven Unterbau in einer Senke versteckt. Das ist ein optischer Trick der Architekten, um den Komplex nicht noch massiver erscheinen zu lassen. Wir biegen in die Ida-von-Arnim-Straße ein, wo der Eingang für die Mitarbeiter des BND liegt. Quer durch die Eingangshalle zieht sich die Sperr- und Kontrollanlage, dahinter beginnt die geheime Welt des Nachrichtendienstes, die Außenstehende nur mit besonderer Genehmigung betreten dürfen. An der Sicherheitsschleuse signalisiert ein grün leuchtender Bildschirm: »Gefahrenstufe grün«, also gering. Die Mitarbeiter müssen sich hier nicht nur ausweisen, sondern mit einem biometrischen Erkennungssystem fälschungssicher identifizieren. Der Besucher ist angemeldet und in hochrangiger Begleitung, die Schleusung auf die andere Seite problemlos. Doch ab hier begleiten uns zwei bewaffnete Männer vom Sicherheitsdienst beim Gang durch das Gebäude. Der spart die eigentlich sensiblen und interessanten Bereiche aus – die noch einmal extra durch Schleusen gesicherten Lagezentren, wo Experten rund um die Uhr an Bildschirmen und Videowänden kritische Orte und Situationen in aller Welt beobachten und analysieren. Das ist nun wirklich *top secret.*

Eine Festung bleibt eine Festung

Das Staunen des Besuchers über die drei weitläufigen Atrien hingegen, die die Gebäudeteile gliedern und verbinden, wird gern gesehen. Sieben Etagen hoch und rechteckig langgestreckt, dabei lichtdurchflutet und fein gegliedert, aus edlen Materialien gestaltet, haben sie ehrfurchtheischende Dimensionen und lassen den Menschen doch nicht schrumpfen. Herrschaftsarchitektur mit menschlichem Antlitz, könnte man sagen. Immerhin geht es hier zuweilen auch ganz zwischenmenschlich zu: Der BND-Chor nutzt das erste

Atrium wegen der fabelhaften Akustik manchmal als Probenraum. Die Wände schmücken über die Etagen hinweg 20 000-fach vergrößerte Motive, und sie zeigen große Schriftzüge, die wie Codes aus der Geheimdienstsprache klingen: »Es ist Nacht und der Budapester Bahnhof still und schön«, lautet einer. Das war als poetische Koketterie der Künstlerin Antje Schiffers mit dem geheimnisvollen Tun in diesem Haus gemeint. Doch 2015 wurde der Budapester Bahnhof auch zu einem Ort der Flüchtlingstragödien unserer Zeit, einer der globalen Krisen, mit denen der BND sich befasst. So ist der locker gemeinte Spruch auf ganz ernste Weise mit dem Tun in diesem Haus verknüpft.

Ein Blick in die abzweigenden langen Flure zeigt dann, dass es hier nicht nur prächtig, sondern auch ganz profan mit Linoleum auf dem Boden und schlichten Türen wie in jeder anderen Behörde des Bundes zugeht. Hinter ihnen verrichten in bescheidenen Büros von elf bis 17 Quadratmetern viele BND-Mitarbeiter ihr Tagwerk. Immerhin schauen sie aus den schmalen Fenstern auf die Chausseestraße und die gegenüberliegenden Häuser. Der Alltag der Stadt ist so stets präsent, ein ständiger Realitätsbezug. Gleichzeitig haben auch die Bewohner der höher gelegenen Wohnungen an der Chausseestraße und der anderen angrenzenden Straßen einen Blick auf die freilich abgedunkelten Fensterreihen. Der Fantasie, was dort geschehen könnte, ist freier Lauf gestattet.

Es gibt kaum noch Nachbarn, die die obere Chausseestraße mit ihrem struppigen Charme von früher kennen. Während die Gegend weiter südlich um Friedrichstraße und Oranienburger Straße schon bald nach dem Mauerbau das Grau des Ostens abstreifte, die Segnungen und die Grausamkeiten der Gentrifizierung erlebte, löste hier erst der BND-Neubau diesen Schub aus. Der kam allerdings mit Wucht und hat in wenigen Jahren die Sozialstruktur umgekrempelt. Aus einem ziemlich abgehängten Quartier der Nachwendezeit entwickelte sich ein Boomviertel des Luxuswohnungsbaus. Immobilienmakler warben nun mit der exklusiven BND-Lage. Bestes Beispiel dafür ist das Sapphire-Gebäude von Daniel Libeskind schräg gegenüber, für dessen Apartments zeitweise die höchsten Quadratmeterpreise Berlins aufgerufen wurden.

Der BND bemüht sich nach den Worten Heinemanns darum, sich der Nachbarschaft so gut es geht zu öffnen. 2016, als die Gebäude schon fertig, aber noch nicht eingerichtet und bezogen waren, beteiligte er sich am Tag der offenen Tür der Bundesregierung. 4400 Besucher, darunter viele aus der direkten Umgebung, nutzten die Möglichkeit, sich bei einem geführten Rundgang über den geheimnisvollen neuen Nachbarn zu informieren. Auch im Besucherzentrum seien schon unterschiedliche Gruppen aus der Nachbarschaft zu Gast gewesen. Und im Ballhaus Berlin gleich nebenan gibt es mehrere Stammtische von BND-Mitarbeitern, ist dort zu erfahren. »Das sind Menschen wie du und ich«, sagt der Besitzer Christof Blaesius mit einem Augenzwinkern. Die exponierte Lage lädt aber auch zu weniger freundlichen Aktionen ein. Immer wieder werden Gegenstände über den Zaun geworfen, gerade an diesem Tag eine Plastiktüte, aus der Drähte herausschauten. Experten der Polizei überprüften das Objekt, das sich als harmlos herausstellte. »So etwas gab es in Pullach nicht«, sagt der Mann vom Sicherheitsdienst.

Die Architekturkritik an der neuen Geheimdienstzentrale fiel zur Eröffnung heftig aus. Nach Ansicht der *Süddeutschen Zeitung* wirkt das Gebäude wie eine Kreissäge auf die Umgebung, »es ruiniert Nachbarschaften und Sichtbeziehungen«. Es sei ein stadtunverträgliches Monstrum, eine hinter 14 000 schießschartenartigen Fenstern verborgene Festung. Der Kritiker der *Berliner Zeitung* erkannte eine radikale Distanzierung der BND-Zentrale von der sie umgebenden Stadt, eine »Misstrauenserklärung an das Individuum«. Andere verwiesen milder gestimmt darauf, dass Architektur wie alle Kunst Zeit brauche, um sich zu entfalten, richtig wahrgenommen zu werden.

Nach einigen Jahren mag dieser Prozess nun ein wenig vorangekommen sein; vielleicht ist es aber auch nur die schlichte Gewöhnung, die den massiven Komplex heute nicht mehr so fremd und abweisend erscheinen lässt. Dazu beigetragen hat gewiss die Gestaltung der Rückseite, wo die hier einst verrohrte Panke nun offen durch einen kleinen, langgestreckten Park fließt, den der Senat mit Ausgleichszahlungen des Bundes hat anlegen lassen. Dort flanieren jetzt Spaziergänger sonntags zum »BND-Gucken«, ähnlich wie an der Spree im Regierungsviertel. Wenn mal Schnee liegt, herrscht fröhliches Schlittenfahren an dem kleinen vom Zaun zum Fluss reichenden Abhang. Im Sommer ist er nachmittags ein beliebter Platz zum Sonnenbaden. Schaut man zum BND, schillert die metallene Fassade je nach Tageslicht in verschiedenen Farbtönen, davor recken sich zwei 22 Meter hohe künstliche Palmen in den Himmel. *0 Grad Breite* hat der Künstler Ulrich Brüschke sein Werk genannt. Es ist eine Anspielung auf exotische ferne Länder und fremde Kulturen, mit denen der BND sich auseinanderzusetzen hat, aber die Palmen brechen auch die Strenge der Fassade und bringen etwas Leichtes, Ironisches in die Szene.

Der Architekt Jan Kleihues ist sich der widersprüchlichen Wahrnehmung seines Bauwerks bewusst. »Die Absicht, den architektonischen Ausdruck eines selbstbewussten Nachrichtendienstes unter Wahrung des durchaus eleganten Charakters des Geheimnisvollen zu schaffen, sehen wir als gelungen«, schrieb er nach Abschluss des Projekts. »Das Gebäude gleicht womöglich dennoch in mancher Hinsicht einer Festung, birgt nicht aber jede Festung immer auch Faszinationspotenzial?«

9
»DAS HEISST WILLE UND TAT«
Immer wieder Aufruhr
1848, 1918, 1933, 1953

Ein Gittertor verschließt den Hausdurchgang zur Chausseestraße 122. Nichts weist darauf hin, dass es hier außer schicken Wohnungen etwas von Interesse geben könnte. Bis der Blick auf das kleine Klingelschild fällt: »Zum Denkmal« steht darauf. Auf Knopfdruck öffnet sich mit einem Surren das Tor, und nach wenigen Schritten steht der Besucher vor dem Spartakus-Denkmal, 1977 von der SED errichtet. Es hat erstaunlicherweise den Bau der Luxuswohnungen des Projekts »one2one« überlebt, die das Denkmal heute umgeben. Ein bizarrer Kontrast. Übermannshoch steht in der kleinen Gartenanlage eine graue Steinsäule, geschaffen von Dieter Grüning und Johanna Jura. Sie wird gekrönt von einem mächtigen steinernen Schriftzug: SPARTAKUS. Darunter einige Zeilen von Karl Liebknecht:

Das heisst
Feuer und Geist
Das heisst
Seele und Herz
Das heisst
Wille und Tat
Der Revolution
des Proletariats

Die Stele können nun die Bewohner der edlen Wohnungen täglich beim Frühstück aus ihren Fenstern sehen und so gerüstet an ihr Tagwerk gehen. Auf der Rückseite der Stele wird erklärt, warum sie hier steht: »An diesem Platz stand das Haus, in dem am 1. Januar 1916 der Spartakusbund – Keimzelle der Kommunistischen Partei Deutschlands – gegründet wurde.« Das hat seinen Grund, denn in diesem Haus hatten die Brüder Karl und Theodor Liebknecht seit 1903 ihr Anwaltsbüro, in dem sie unter anderem die Arbeiter der umliegenden Fabriken berieten. An der Gründung des Spartakusbundes nahmen auch die SPD-Funktionäre Käthe Duncker, Hugo Eberlein, Franz Mehring und Wilhelm Pieck, der spätere Präsident der DDR, teil. Wenige Tage später schloss die Mehrheit der SPD-Fraktion im Reichstag Karl Liebknecht aus ihren Reihen aus. Er hatte 1914 als einziger Abgeordneter gegen die von der Regierung geforderten Kriegskredite gestimmt, ein Konflikt, der in den folgenden Jahren zu schweren innerparteilichen Auseinandersetzungen und schließlich der Spaltung der Sozialdemokratie führte.

Die SED ließ die Gedenkstätte aus Anlass des 40. Jahrestages der Novemberrevolution errichten, als Liebknecht am 9. November 1918 von einem Portal des Berliner Schlosses die »freie sozialistische Republik Deutschland« ausgerufen hatte. Nach seiner Ermordung am 15. Januar 1919 wurde Karl Liebknecht nicht weit von seinem Büro in der Leichenhalle in der Hannoverschen Straße aufgebahrt. Fotos zeigen lange Schlangen Wartender vor dem Eingang, die ihm die letzte Ehre erweisen wollten. Auf Wunsch der Familie besuchte Käthe Kollwitz die Leichenhalle und fertigte eine Zeichnung des Toten an. Dabei lernte Liebknechts Sohn Robert die Künstlerin kennen. Sie schaute sich Arbeiten des 16-Jährigen an und ermunterte ihn, selbst Maler zu werden. So ermutigt, nahm er Zeichenunterricht, etwa bei Hans Baluschek. Später wurde Robert Liebknecht ein internatio-

Das Spartakus-Denkmal im Hof der Chausseestraße 122, 2021

nal beachteter Maler. Er emigrierte 1933 nach Frankreich. Das Haus ist im Zweiten Weltkrieg zerstört worden. Interessanterweise verzeichnet das Berliner Adressbuch noch für das Jahr 1941 unter der Adresse Chausseestraße 121 die Rechtsanwaltskanzlei Dr. Wilhelm Liebknecht. Der Bruder Robert Liebknechts war da dem Terror der Nazis schon lange nach Moskau entkommen.

Das Spartakus-Denkmal ist aufgrund seiner Lage gewiss eines der ungewöhnlichsten in Berlin. Und es ist eine der wenigen erhaltenen Erinnerungen an die revolutionäre Rolle der Chausseestraße, die sie in allen gesellschaftlichen Umwälzungen der letzten 250 Jahre gespielt hat. Sie war über die Jahrhunderte ein Ort revolutionärer Bestrebungen und eng mit den Anfängen der deutschen Arbeiterbewegung verbunden.

Barrikaden am Oranienburger Tor

1848 wurde die Chausseestraße zu einem der Schauplätze der Märzrevolution. Arbeiter aus den Maschinenfabriken und Soldaten der Artilleriekaserne auf der anderen Straßenseite standen sich hier direkt gegenüber. Als am Nachmittag des 18. März bekannt wurde, dass die königliche Garde auf dem Schlossplatz in die dort versammelten Demonstranten geschossen hatte, bauten empörte Arbeiter am Oranienburger Tor eine Barrikade. Mit einem Steinhagel verhinderte eine ständig wachsende Menschenmenge, dass zwei Patronenwagen aus Moabit in die Artilleriekaserne an der Chausseestraße überführt werden konnten. Um die Barrikade zu brechen, fuhren die Soldaten eine Haubitze auf, mit der sie aus kurzer Distanz in die dichte Menschenmasse feuerten. »Fünf Männer stürzten tot nieder; das Wehgeschrei der Verstümmelten und Verwundeten und mehr noch das Wut- und Rachegeschrei der Nichtgetroffenen war fürchterlich! In wildester Flucht stürzten Männer, Frauen und Kinder fort«, notierte der Chronist Adolf Streckfuß.

Eine besondere Rolle beim Barrikadenbau und den folgenden Kämpfen spielten die Arbeiter der Borsigwerke an der Chausseestraße. Ulla Galm zitiert in ihrer Biografie August Borsigs einen Zeitungsbericht aus jenen Tagen: »Einige Studenten, welche sich zu Pferde geschwungen hatten, galoppierten zum Oranienburger Tor hinaus, hielten vor allen Maschinenwerkstätten still und feuerten die Arbeiter an, in die Stadt zu kommen und an einem Kampf sich zu beteiligen, der in der Freiheit aller auch das Los der Arbeiter zu einem Günstigen wenden werde. Die Arbeiter der Borsigschen Fabrik gingen namentlich in großer Zahl auf diese Aufforderung ein, und bis sechs Uhr abends waren wohl an 900 von ihnen in die Stadt gezogen. Ihrer heldenmäßigen Tapferkeit und Ausdauer hinter den Barrikaden war es vornehmlich zuzuschreiben, dass in der Nacht des 18. März ein Kampf gekämpft wurde, der die Volkssache in ihrer nicht mehr zurückzustellenden Bedeutung erscheinen liess.«

Derweil wurden in derselben Nacht in den Schmieden an der Chausseestraße und ihrer Umgebung eifrig Lanzen und Material für den Barrikadenbau hergestellt. »Eine bekannte Maschinenbau-Anstalt lieferte allein sechs Zentner Eisengerätschaften dazu«, heißt es in dem Bericht unter Bezug auf Borsig. Unter den etwa 250 »Märzgefallenen« befanden sich auch vier Borsigianer. Der Unternehmer war schockiert. Er hatte die revolutionäre Stimmung im Volk, aber auch in seiner eigenen Belegschaft unterschätzt. »Er hatte erleben müssen, wie seine eigenen Arbeiter, von einem strengen Reglement des Fabrikpatriarchen sonst in Schach gehalten, jede Disziplin vergessen, den randalierenden Studenten ihr Ohr geliehen hatten und sich aus dem umherliegenden Eisenmaterial zu einer Stunde, in der sie nichts in der Fabrik zu suchen hatten, ihre eigene schlagkräftige Bewaffnung schufen«, schreibt Galm.

Borsig erkannte, dass diesem Geist mit bloßer Repression nicht mehr beizukommen war. Er trat der neu geschaffenen Bürgerwehr bei und übernahm als Major das Kommando über vier Kompanien, für die er vor allem seine Arbeiter rekrutierte. So formierte Borsig in kurzer Zeit lohnabhängige Maschinen- und Barrikadenbauer zur diszipliniertesten Truppe der Bürgerwehr. Gleichzeitig setzte er bei seinen Unternehmerkollegen höhere Löhne, bessere Sozialleistungen und eine Arbeitszeitverkürzung um eine Stunde auf zwölf Stunden täglich für alle Arbeiter der Branche durch. Dies diente den Betroffenen, aber auch einer längerfristigen Strategie: der Spaltung der Arbeiterschaft. »Wir sind keine Proletarier, wir sind Maschinenbauer«, lautete nun die stolze Parole im »Feuerland« an der Chausseestraße, auch in Abgrenzung von den weniger qualifizierten Lumpenproletariern in den weiter östlich gelegenen Elendsvierteln des »Vogtlandes«. Dort lebten vor allem ungelernte Arbeiter, die aus dem sächsischen Vogtland nach Berlin gezogen waren.

Achtzig Jahre später hatte sich das einstige Industriequartier in ein Geschäfts- und Wohnviertel gewandelt. Doch die Maikäferkasernen des Garde-Füselier-Regiments und mehrere Maschinenbaufabriken beherrschten nach wie vor die obere Chausseestraße. Als sich am 4. November 1918 in Kiel die Matrosen erhoben, verbreitete sich der revolutionäre Aufruhr in ganz Deutschland, Arbeiter- und Soldatenräte versuchten, die Macht zu ergreifen. In den an den Stadtrand gezogenen Fabriken formierten sich am Morgen des 9. November die Arbeiter zu mächtigen Demonstrationszügen, die Richtung Innenstadt und Hohenzollernschloss aufbrachen. Die Stahlarbeiter aus Hennigsdorf zogen nach Tegel, wo sie sich mit den Borsig-Arbeitern vereinten, im Wedding kamen Arbeiter aus den AEG-Fabriken dazu. Ein Demonstrationszug marschierte gegen Mittag durch die Chausseestraße zur Maikäferkaserne, um die Soldaten aufzufordern, sich der Revolution anzuschließen. Von den meisten Soldaten wurden die Demonstranten jubelnd begrüßt, doch die Kasernentore hielt eine besonders kaisertreue Wachmannschaft aus Weißensee besetzt. Soldaten aus dem Demonstrationszug brachen schließlich die Tore auf, Demonstranten drangen auf den Kasernenhof, wo ein Offizier das Feuer eröffnete. Er tötete drei Männer. Sie waren die ersten Opfer der Novemberrevolution. Ein Teil der Maikäfer-Soldaten schloss sich den Demonstranten an, die trotz der Schießerei weiter in Richtung Innenstadt zogen, wo sie später die Proklamation der Republik durch Karl Liebknecht erlebten.

Einer der an der Chausseestraße erschossenen Demonstranten war der 24 Jahre alte Werkzeugmacher Erich Habersaath aus den Schwartzkopff-Werken schräg gegenüber der Kaserne. Der in der Unabhängigen Sozialdemokratischen Partei Deutschlands (USPD) aktive linke Sozialdemokrat war einer der revolutionären Obleute, die an der Spitze des Zuges marschierten. 1951 ist die südlich des Kasernengeländes – zu jener Zeit bereits des Walter-Ulbricht-Stadions – vorbeiführende Kesselstraße nach ihm benannt worden.

Ein sehr folgenschwerer Zusammenstoß zwischen Demonstranten und kaisertreuen Soldaten ereignete sich wenige Tage später, am 6. Dezember 1918, an der Kreuzung Chausseestraße/Invalidenstraße. Garde-Füsiliere schossen mit Maschinengewehren in die Menge und töteten 16 Menschen.

Eine Hochburg der Linken

Die Chausseestraße und der ganze Bezirk Mitte blieb in den Jahren der Weimarer Republik politisch eine Hochburg der Linken. Bei den beiden letzten freien Reichstagswahlen im Juli und November 1932 erhielten hier die KPD 30 und 34 Prozent, die SPD 26 und 22 Prozent, die NSDAP 28 und 26 Prozent der Stimmen. In der Chausseestraße 57 wohnte der KPD-Funktionär Artur Golke. Er war seit 1924 Reichstagsabgeordneter, gehörte dem Zentralkomitee der Kommunistischen Partei an und war ihr Schatzmeister. 1933 gelang ihm die Flucht in die Sowjetunion, wo er zunächst einen Posten als Wirtschaftsleiter eines Ferienheims der Kommunistischen Internationale in der Nähe von Moskau hatte, bis er 1938 ein Opfer der stalinistischen Säuberungen und wegen angeblicher Spionage hingerichtet wurde.

Zeitungsmeldungen aus dem Jahr 1932 berichten von blutigen Schlägereien zwischen Kommunisten und Nationalsozialisten in der Chausseestraße. Eine Rolle spielte dabei das gut erhaltene Erste Krieger-Vereinshaus in der Chausseestraße 94 aus dem Jahr 1910, an dessen Fassade Schmuckelemente wie Eichenlaub und Lorbeerkränze an die soldatische Vergangenheit erinnern. Die Eisernen Kreuze wurden zu DDR-Zeiten entfernt. Das großzügige Gebäude bot bedürftigen Soldatenfamilien Unterkunft und nach der Niederlage im Ersten Weltkrieg halblegalen Kameradschaftsverbänden Raum für ihre Kundgebungen.

Das ehemalige Krieger-Vereinshaus, 2011

Die Kameradschaftsverbände marschierten strammen Schritts von der Chausseestraße durch die fünf Torbögen bis zu einem 2000 Menschen fassenden Festsaal im zweiten Hof. Adolf Hitler und Joseph Goebbels hetzten hier gegen die Weimarer Republik und die Linke. Tausende aufgestachelte Anhänger der Nazis und der Kommunisten gingen im Saal und auf der Straße aufeinander los, es waren die größten Straßenschlachten jener Jahre in Berlin. Der Saalbau ist im Krieg beschädigt und später abgetragen worden. An seiner Stelle gibt es nun einen Kinderspielplatz in der komfortabel restaurierten Wohnanlage. Während der Teilung stand das Gebäude im Ost-Berliner Grenzgebiet, die Eingänge waren zugemauert. Nach 2002 wurde das Haus saniert und steht nun unter Denkmalschutz.

Wenige Schritte weiter in der Chausseestraße 110 ist das nach außen unscheinbare Haus der Germania-Bäckerinnung erhalten.

Hier befanden sich die Germania-Prachtsäle, die in den 1930er-Jahren ebenfalls Schauplatz politischer Schlägereien zwischen Nationalsozialisten und Sozialdemokraten waren; oft überfielen Nazis deren Veranstaltungen und provozierten Saalschlachten.

Der Historiker Oliver Reschke hat am Beispiel des Karrees Chaussee-, Wöhlert-, Pflug- und Schwartzkopffstraße detailliert gezeigt, wie die Nationalsozialisten vor 1933 gezielt in Hochburgen der Kommunisten eindrangen und über Straßenkämpfe ihren Machtanspruch proklamierten. »Das Beherrschen der Straße als Ort der Kommunikation und der symbolischen Machtdemonstration war sowohl für Nationalsozialisten als auch deren Hauptgegner in Berlin, die Kommunisten, von zentraler Bedeutung«, erläuterte Reschke in einem Vortrag im Bundesarchiv Berlin-Lichterfelde. Dafür war das Gebiet an der nördlichen Chausseestraße prädestiniert.

Im Invalidenhaus an der nahe gelegenen Scharnhorststraße waren viele ehemalige Weltkriegsteilnehmer untergebracht. Ein National-Krieger-Denkmal im Invalidenpark machte die Gegend zu einem symbolträchtigen Ort und Anlaufpunkt für vaterländische und nationale Kreise, wie auch das Krieger-Vereinshaus. »Durch das Aufeinandertreffen der westlich-nationalistischen und östlich-proletarischen Welt ergab sich an der Chausseestraße eine explosive Mischung, aber auch interessante politische Konstellation«, stellte Reschke fest.

Der Braune Laden und der Terror der Nazis

Die Konditorei Bischoff in der Chausseestraße 56, Ecke Wöhlertstraße, gegenüber der Polizeikaserne und dem Krieger-Vereinshaus gilt als eines der ersten NSDAP-Lokale der Gegend. Es war die Keimzelle für ihre Ausbreitung von West nach Ost. Mit der

Eröffnung des »Braunen Ladens« in der Schwartzkopffstraße 14 im Mai 1932 eskalierte die Situation. Am 26. Mai kam es am Stettiner Tunnel am Ende der Straße zu einem schweren Zusammenstoß von etwa 50 Nationalsozialisten mit zahlreichen linken Arbeitern. Für die Anwohner stand außer Frage, dass zwei junge Arbeitslose von Nationalsozialisten mit Messern und Schusswaffen verletzt worden waren und dass der »Braune Laden« etwas damit zu tun hatte. Der Schriftsteller Peter Weiss, der als Jugendlicher einige Jahre in der Pflugstraße wohnte, hat die Auseinandersetzung in seinem Werk *Die Ästhetik des Widerstands* aus Sicht der Kommunisten beschrieben: »Wir waren die Mehrheit hier. Es war unser Stadtteil. Dann kamen vereinzelte drohende Rufe auf. Die Stimmen schwollen an, die Menge rückte auf das Lokal zu. Und plötzlich war das Klirren von Glas zu hören, Steine flogen in die Fenster, drinnen setzte das Handgemenge ein, die Schießerei begann. Die Schüsse aber kamen von ringsum, Polizeitruppen waren von der Chausseestraße herangerückt, hatten nur auf das Signal gewartet, das Zerkrachen des Fensters. (…) Die Polizisten, die mit ihren Hunden und Wagen bereitstanden, fielen über die Arbeiter auf der Straße her. Sie traten als Verteidiger des Braunen Hauses auf, dessen Räumung eine Woche lang von den Bewohnern des Viertels gefordert worden war.«

Einige offensichtlich der KPD nahestehende Hausbewohner veranstalteten daraufhin am 1. Juni 1932 eine öffentliche Protestversammlung in den Germania-Sälen und gründeten einen überparteilichen Einheitsausschuss der Werktätigen in der Schwartzkopff-, Pflug- und Wöhlertstraße zum Kampf gegen den Hakenkreuzterror, der eine intensive Arbeit entfaltete. In Flugblättern wurde die Anwohnerschaft aufgerufen, gemeinsam gegen den »Braunen Laden« vorzugehen, um seine Schließung zu erreichen, bevor neue Opfer zu beklagen seien.

Der Ladeninhaber alarmierte mehrmals die Polizei, weil Drohungen gegen ihn ausgesprochen worden seien. Auch mehrere andere mit den Nazis sympathisierende Anwohner erschienen auf dem 4. Polizeirevier, um sich über Aktionen gegen den Propagandaladen zu beschweren. Die Nationalsozialisten beschränkten sich allerdings nicht auf die Inanspruchnahme polizeilicher Unterstützung, sie wurden auch selbst tätig. So versuchten sie, die Protestversammlung am 1. Juni 1932 in den Germania-Sälen zu sprengen. Am 11. Juni 1932 wurde in einem Polizeiprotokoll festgehalten, dass zwar fast täglich Flugblätter in der Schwartzkopffstraße und Umgebung verteilt würden, eine Bedrohung des Ladeninhabers jedoch nicht festgestellt werden könne. Die Polizei stellte trotzdem zur Sicherheit des Ladens einen Posten auf. Nach der Aufhebung des zweiten SA-Verbots am 17. Juni stellte die Polizei fest: »In letzter Zeit haben die Kommunisten ihre Drohungen gegen den ›Braunen Laden‹ vollkommen eingestellt.« Gleichzeitig verstärkten die Nazis ihre Angriffe. Am 5. Juli marschierte eine SA-Standarte demonstrativ durch die Pflugstraße. Im Herbst wurden wiederholt Kommunisten von SA-Schlägern im Kiez angegriffen, niedergeschlagen und angeschossen.

Zur selben Zeit entstand in der Boyenstraße ein weiterer Brennpunkt von Auseinandersetzungen zwischen Kommunisten und Nationalsozialisten. Auch hier gewannen die Nazis nach der Machtübertragung an Hitler am 30. Januar 1933 schnell die Oberhand.

Im März verschleppten den Nazis verbundene Polizeibeamte den Weddinger KPD-Stadtverordneten Hermann Scheffler in die Polizeikaserne an der Chausseestraße 95–98. Ein überlebender Freund berichtete später über das Ereignis: »Schon auf der Polizeiwache in der Zingster Straße wurden wir beide unerhört geschlagen. Dieses wiederholte sich auf dem Polizeiamt noch mehrere Male, und zwar so furchtbar, daß Scheffler, mit dem ich in einem Raum war, wiederholt zusammenbrach. Ich wurde beauftragt, Wasser zu holen und ihn damit zu begießen. Er ist danach wieder zu sich gekommen, brach aber vor meinen Augen zusammen und wurde von Polizeibeamten herausgeschleppt. Ich hatte den Eindruck, daß Scheffler schon in meinem Beisein gestorben war. Daß der Totenschein die Angabe ›innere Verblutung‹ aufweist, ist mir verständlich, weil ich mit ansehen mußte, wie Scheffler tatsächlich totgeschlagen wurde.« Vor seinem letzten Wohnhaus in der Demminer Straße in Wedding erinnert ein Stolperstein an Hermann Scheffler.

Wenige Tage nach dem 9. November 1938 kam Propagandaminister und Gauleiter Joseph Goebbels in die Chausseestraße, um hier die erste öffentliche Bilanz der Pogromnacht, mit der die entscheidende Schwelle von der Verdrängung und Vertreibung der Juden hin zu ihrer Deportation und Vernichtung überschritten wurde, zu ziehen: »Die Judenfrage wird in kürzester Frist einer das deutsche Volksempfinden befriedigenden Lösung zugeführt«, kündigte er auf einer Kundgebung in den Germania-Sälen an. Dass er dafür die einstige Versammlungsstätte von Kommunisten und Sozialdemokraten nutzte, war eine zu dieser Zeit kaum noch erforderliche Demonstration der Macht der Nationalsozialisten auch in dem einstigen Arbeiterbezirk.

In den Dokumenten der Gedenkstätte Deutscher Widerstand finden sich aber auch Hinweise darauf, dass es in der Polizeikaserne an der Chausseestraße mehrere Schutzpolizisten gab, die in Opposition zum Nazi-Regime standen und Kontakte zu Widerstandsgruppen in der Umgebung unterhielten. Bekannt ist unter anderen die Kommunistische Betriebszelle in der Berliner Maschinenbau AG Chausseestraße 23/24. Sie wurde von Otto Lemm geleitet, der sich Ende der 1930er-Jahre mit seinen Genossen der Widerstandsgruppe um Robert Uhrig, einer der größten antifaschistischen Untergrundorganisationen jener Jahre in Berlin, anschloss. Er wurde Anfang 1942 mit mehr als 100 anderen Widerstandskämpfern verhaftet, vom Volksgerichtshof zum Tode verurteilt und am 17. Juli 1944 im Zuchthaus Brandenburg hingerichtet. An ihn erinnert eine Gedenktafel an seinem letzten Wohnhaus in der Oudenarder Straße 28 in Wedding.

Der 17. Juni 1953 in der Chausseestraße

Nur wenig später drehten sich mit der deutschen Niederlage im Zweiten Weltkrieg die Machtverhältnisse in Ost-Berlin und damit auch in der Chausseestraße. Die kurz zuvor noch verfolgten Kommunisten und ihre Anhänger übernahmen die Macht. Keine zehn Jahre später erlebte die Chausseestraße wieder Aufruhr und Arbeiterdemonstrationen, jedenfalls für einen Tag, am 17. Juni 1953. Und wieder waren es Hennigsdorfer Stahlarbeiter, etwa 15 000 an der Zahl, die auf ihrem Marsch zum Haus der Ministerien in der Leipziger Straße erst den Norden West-Berlins durchquerten und dann die Chausseestraße erreichten. Als Erstes demolierten Demonstranten die von den Volkspolizisten verlassenen Ost-Berliner Kontrollbaracken an der noch offenen Grenze. Sie brachen das Grenzschild »Hier beginnt der demokratische Sektor« ab und führten es als Trophäe und beziehungsreiche Parole im Demonstrationszug mit. Wenig später passierten sie das Walter-Ulbricht-Stadion.

»Da stürmten die jungen Kollegen das Tor, kletterten auf das Dach, brachen die Buchstaben des Schriftzugs ab und warfen sie auf die Straße«, erinnerte sich später der Stahlwerker Karl-Heinz Benditz aus Hennigsdorf. Eine Mitdemonstrantin ergänzte: Als man daran ging, die roten Fahnen, die am Stadion gehisst waren, zu zerfetzen, protestierten ältere Kollegen. »Solange ich es überblicken konnte, wurden darauf die Fahnen nicht mehr angefasst.« Das mag für die erste Demonstrationswelle stimmen. Doch während der Großteil der Hennigsdorfer und ihrer Anhänger weiter in Richtung Potsdamer Platz zog, besetzten ein paar Hundert Randalierer das Stadion und richteten ein Werk der Zerstörung an, wie der Bericht der Volkspolizei belegt. Danach zerstörten Demonstranten die Fensterscheiben der Unterkünfte und das Mobiliar, später wurde das Sporthaus auf dem Gelände gestürmt, und noch gegen Abend

Der Demonstrationszug der Hennigsdorfer Stahlarbeiter am 17. Juni 1953 in Wedding, kurz vor der Chausseestraße

wurden brennende Baracken und Kioske am Lieferanteneingang gemeldet. Auch andere Gebäude, die dem SED-System zugerechnet wurden, waren Ziel der Zerstörungswut. Dazu zählt der Sitz des Gewerkschaftsverlags Tribüne gleich neben dem Haus, in dem Bertolt Brecht ab August 1953 wohnte.

Auch eine der besonders tragischen Geschichten dieses 17. Juni ereignete sich an der Chausseestraße. Werner Sendsitzky beging an diesem Tag seinen 16. Geburtstag. Er wohnte mit seinen Eltern in der Müllerstraße in Wedding, kurz bevor sie zur Chausseestraße wird. Die Ereignisse, die sich direkt vor seiner Haustür abspielten, zogen ihn in den Bann. Vormittags lief er ein ganzes Stück mit den Demonstranten aus Hennigsdorf in Richtung Stadtmitte nach Ost-Berlin hinein. Nachmittags stand er mit anderen Schaulustigen auf dem Dach eines Behelfsheims an der Liesenstraße und beobachtete die Vorgänge am Grenzübergang. Volkspolizisten versuchten mit vorgehaltenen Pistolen aus dem Westsektor in die Chausseestraße strömende Menschen zurückzudrängen. Schließlich schossen sie einige Male in die Luft. Einer der ungezielten Schüsse traf Werner Sendsitzky, während seine Familie wenige Hundert Meter entfernt auf ihn wartete, um seinen Geburtstag zu feiern. Sein Name steht auf der Platte der Gedenkstätte für die Opfer des 17. Juni 1953 auf dem Friedhof an der Seestraße.

Zeitgenössische Fotos zeigen, dass noch Tage nach dem 17. Juni sowjetische Panzer vor der Sektorengrenze in der Chausseestraße Wache hielten. In jenen Tagen war kaum vorstellbar, dass nicht einmal ein Jahr später, am 8. Mai 1954, 70 000 Zuschauer friedlich zum Fußballländerspiel DDR–Rumänien in das reparierte Walter-Ulbricht-Stadion strömen würden.

10
»DAS SCHÖNSTE ALLER DINGE …«
Theater, Amüsiertempel und ein Drei-Sterne-Restaurant

Wer heute die Chausseestraße entlangbummelt, kann sich schwer vorstellen, dass hier von Anfang bis Mitte des 19. Jahrhunderts nicht nur Schmiede und Maschinenbauer darangingen, die deutsche Schwerindustrie zu begründen, sondern der obere Straßenabschnitt zu einer populären, grünen Ausflugs- und Amüsiergegend gehörte. Namen wie Gartenstraße, Feld- und Ackerstraße erinnern noch an die damals am Stadtrand betriebene Landwirtschaft. An den Wochenenden zogen viele Berliner Familien in die Gartencafés, die sich hier angesiedelt hatten. Die Liesenstraße ist nach dem Gastwirt Carl Liesen benannt, der ein beliebtes Sommerlokal betrieb, bis er seine Ländereien an Berliner Kirchengemeinden verkaufte, die dort neue Friedhöfe anlegten.

Mit Gartenlokalen fing es an

Aus den Lebenserinnerungen Theodor Fontanes wissen wir, dass wohlhabendere Berliner sich im Sommer hier niederließen, um frische Luft zu genießen. So auch Fontanes Onkel August, bei dem er während seiner Schuljahre einige Zeit lebte. »Onkel August kam um Pfingsten (1835) auf die Idee, ganz in der Nähe von Berlin eine Sommerwohnung zu mieten, und wählte dazu das eine gute Viertelstunde vor dem Oranienburger Tor gelegene Liesen'sche Lokal oder, wie man damals sagte, bei Liesens.« Fontane beschwerte sich, dass sich dadurch sein Fußweg zur Gewerbeschule in der Stadt auf über eine Stunde verlängerte. Dass er schließlich genau hier, »bei Liesens«, einmal seine letzte Ruhe auf dem Friedhof der Französischen Gemeinde finden würde, gibt der Geschichte eine besondere Note.

Näher am Zentrum, in der Chausseestraße 26/27 (heute 30/31), lag lange das Gartenlokal der Brüder Henning. Im Zuge der Verstädterung der Straße verkauften sie es Mitte der 1840er-Jahre an den Schauspieler Carli Callenbach. Dieser eröffnete dort 1848 das erste Sommertheater Berlins und begründete damit eine viele Jahrzehnte währende Theatertradition an diesem Standort. Einfache Possen und Schwänke trafen den Geschmack der sommerlichen Ausflügler, zu denen auch die Arbeiter aus den umliegenden Fabriken zählten. Zehn Jahre später übernahm Eduard Meysel das Theater und hob das Niveau an. Zwei Jahre nach deren Uraufführung in Paris brachte er 1860 in der Chausseestraße mit großem Erfolg die Operette *Orpheus in der Unterwelt* von Jacques Offenbach auf die Bühne.

Damit etablierte sich das Theater trotz mehrfach wechselnder Besitzer als zunehmend renommierte Spielstätte der in jener Zeit populären Operetten. 1865 wurde *Die schöne Galathée* von Franz von Suppè uraufgeführt, 1883 dirigierte Johann Strauss die Uraufführung seines Werks *Eine Nacht in Venedig*. Es war die Eröffnungsvorstellung für das modernisierte und vergrößerte Haus, das nun den Namen Friedrich-Wilhelmstädtisches Theater trug und als eine der schönsten und beliebtesten Bühnen Berlins galt. Gleich nebenan lud das Tanzcafé Tivoli mit mehr als 2000 Sitzplätzen auf zwei Etagen ein, das Ausgehvergnügen nach der Operette zu verlängern.

Um die Jahrhundertwende hatte sich die Chausseestraße von einer Arbeiter- und Soldatengegend auch zu einer Amüsiermeile entwickelt, die mehr als ein paar Eckkneipen zu bieten hatte. Das Theater überstand den Ersten Weltkrieg und die Wirren der

1920er-Jahre, bis 1925 diese Tradition endete: Aus dem Theater wurde unter dem Namen Metro-Palast ein Kino mit angeschlossenem Café, dem Metro.

Doch schon 1933 brach mit dem Nationalsozialismus eine gänzlich neue Zeit an, und dessen Kriegspläne bereiteten dem fröhlichen Treiben an der Chausseestraße 30/31 schließlich den Garaus. Ende der 1930er-Jahre wurden die Theaterbauten abgerissen. Das Berliner Adressbuch verzeichnet für das Jahr 1940 an diesem Standort schlicht »Neubau« und in der Ausgabe von 1943 immer noch »Baustellen«. Die Nazis ließen hier zwei Luftschutzbunker errichten. Die vagen Bezeichnungen sollten die geheimen Projekte verschleiern, doch war angesichts der massiven Bauarbeiten überall in der Stadt allgemein bekannt, dass viele Bunker gebaut wurden. Die Tiefbunker in der Chausseestraße standen unter der Obhut der Nationalsozialistischen Volkswohlfahrt und sollten vor allem Frauen und Kindern Schutz bieten. Gegen Ende des Krieges richtete die nahe gelegene Charité dort eine Operations- und Entbindungsstation ein.

Nach dem Krieg gerieten die unterirdischen Bunker mehr oder weniger in Vergessenheit. Ein in der Chausseestraße 32 lebender Hauswart aus DDR-Zeiten erzählte Anwohnern von Versuchen der sowjetischen Armee, in den späten 1940er-Jahren die Bunker zu sprengen. Die Bewohner der Nachbarhäuser mussten an einem bestimmten Tag ihre Wohnungen verlassen. Als sie abends zurückkehrten, fehlte ein Teil des Vorderhauses der Nummer 32, und in der Chausseestraße 29 klaffte ein zehn Zentimeter breiter Riss. Die Bunker aber blieben weitgehend unbeschädigt, lediglich der Zugangsbereich und eine Decke stürzten ein.

Zu der Zeit entstanden auf dem Gelände Baracken wie an vielen Stellen im zerstörten Berlin. Dazu kam auf dem Hof über dem Bunker ein zweistöckiges Betriebsambulatorium in Leichtbauweise für die Mitarbeiter der Ost-Berliner Bühnen, die im hinteren Bereich des Grundstücks ihre Werkstätten hatten. Nach dem Mauerfall nutzten sie die Krankenstation als Lagerraum, einige Räume wurden an Kunststudenten untervermietet. Ein dickes Rohr der Fernheizung zog sich über das landeseigene Gelände. Eine unansehnliche Brache mitten in der Stadt, die allerdings mit den Jahren durch einige Dutzend Bäume wie Pappeln und Bergahorn einen eigenen Reiz entwickelte. Die Bunker erwiesen sich derweil als anhaltende, zunehmend rätselhafte Belastung. Noch 2005 hieß es in einer Broschüre der Stiftung Oper in Berlin über die Werkstätten: »Da die tatsächlichen Ausmaße des Bunkers noch immer nicht geklärt sind, erschwert dies eine mögliche Neunutzung des Areals.«

So stellen die beiden Grundstücke auch ein Beispiel für die verfehlte Bau- und Wohnungspolitik des Senats in jenen Jahren dar. Zuständig war der damalige Berliner Liegenschaftsfonds mit der Aufgabe, die landeseigenen Immobilien zu verkaufen, »welche nicht für eigene Zwecke benötigt wurden«. Öffentlicher Wohnungsbau war damals kein »eigener Zweck«. Da galt es als Erfolg des Liegenschaftsfonds, als sich 2011 die türkisch-deutsche Unternehmerfamilie Aygün für die Grundstücke interessierte und sie dem Land Berlin abkaufte.

Der Ärger mit den Bunkern

Die Aygüns gehören zu den einflussreichsten türkischen Geschäftsleuten der Stadt und besitzen an die 20 Restaurants, darunter die Hasir-Grills, und inzwischen drei Titanic-Hotels in Berlin. Zur Aygün-Erzählung gehört auch, dass Mehmet Aygün für sich in Anspruch nimmt, 1971 den Berliner Döner erfunden zu haben. Die Familie kündigte 2011 den Bau eines weiteren Hotels schräg gegenüber dem gerade entstehenden Neubau des Bundesnachrichtendienstes an. Was sie und ihre Architekten offenbar nicht bedacht hatten, war der massive Untergrund an diesem Abschnitt der Chausseestraße. Die Beseitigung der unterirdischen Bunker mit ihren mächtigen

Blick über die Grundstücke Chausseestraße 31/32 im Jahr 2012. Im Hintergrund die Theaterwerkstätten, seit 2018 Sitz der Hochschule für Schauspielkunst Ernst Busch. Davor ist die Betondecke eines Bunkers erkennbar. Die des vorderen ist bereits entfernt worden.

Betonwänden von 1,80 Meter Stärke erwies sich als äußerst schwierig und war vor allem mit heftigen Erschütterungen und Vibrationen der Nachbargebäude und schwer erträglicher Lärmbelästigung für die Anwohner verbunden. Diese fanden sich zu einer Interessengemeinschaft zusammen, die sich mit den Bauherren und den zuständigen Senatsbehörden Auseinandersetzungen über die Einhaltung von Lärmschutzgrenzen und Bauzeiten lieferte. Mehr als zwei Jahre währte dieser im Blog einer Anwohnerin dokumentierte Kampf, bis schließlich im Februar 2014 die letzten Betonteile des Bunkers aus dem Boden entfernt wurden.

Verschiedene Medien berichteten über die Auseinandersetzungen, und so wurde der in Bayern lebende Rentner Günter Seyda auf das Projekt aufmerksam – besser gesagt, auf die Bunker. Seyda wusste, dass er 1945 in einem von der Charité genutzten Bunker geboren wurde, konnte aber lange dessen Standort nicht herausfinden. Nun war er fündig geworden.

Die Boulevardzeitung *B.Z.* nahm sich der Geschichte an und veröffentlichte am 20. April 2015 Auszüge aus den Lebenserinnerungen Seydas. »Eine Woche vor der Entbindung weilte meine Mutter tagsüber in der Charité und nachts im Bunker in einem kleinen Raum mit zwei Doppelstockbetten. Wegen der immer näher kommenden Kämpfe zog sie am 19. April dann dauerhaft in diesen Schutzraum ein, den sie mit mir zusammen erst am 5. Mai verließ. Da erblickte ich zum ersten Mal das Licht der Welt«, schrieb Seyda. Er wurde entgegen dem Hoffen seiner Mutter ausgerechnet am 20. April geboren, Hitlers Geburtstag. »1000 Reichsmark sollte jede Mutter bekommen haben, die an des Führers Geburtstag einem Knaben das Leben schenkte. Es gab aber keine Kasse mehr, die diese Prämie auszahlen konnte.«

Es entbehrt nicht einer gewissen Ironie, dass nur wenige Schritte vom Hotel Titanic entfernt vor gut 100 Jahren der erste Kinofilm über den Untergang des gleichnamigen Luxusdampfers gedreht wurde. Dass die Aygüns ihre Hotelkette so genannt haben, soll auf ihr erstes Strandhotel in Antalya zurückgehen, dessen Architektur an einen Oceanliner erinnert. Andere hätten den Namen wohl gerade aus diesem Grund gemieden. Zweifelsfrei ist hingegen, dass das 2016 eröffnete Berliner Hotel der Aygüns mit Bar, Restaurants und einem sieben Meter hohen Ballsaal für 1450 Gäste an die lange Unterhaltungstradition dieser Adresse anknüpft.

Die Werkstatt der Kultur

Doch die Unterhaltungstradition ist nicht der einzige Anknüpfungspunkt. Tatsächlich stand in unmittelbarer Nachbarschaft des einstigen Theaters noch viele Jahrzehnte lang die Arbeit für Theaterbühnen im Mittelpunkt. Denn zur gleichen Zeit wie die Bunker wurde im rückwärtigen Bereich des Nebengrundstücks Chausseestraße 28 das Magazin des Preußischen Staatstheaters gebaut und in den 1950er-Jahren erweitert. Seither war es durchgängig bis 2014 Sitz der Werkstätten diverser Berliner Bühnen.

Der *Tagesspiegel* berichtete am 12. Februar 2008: »Es riecht nach Sägespänen und nach Wald. Dann die Farbtöpfe überall: Für die Oper Aida wird eben eine Wandkulisse hergestellt – mit Steinmuster. Große Bühnenteile sind vormontiert, werden später auseinandergenommen, auf Container-Maß gebracht, zur Bühne gefahren. Die Bühne ist nicht hier, dies ist ein Fabrikgelände an der Chaussee-/Ecke Zinnowitzer Straße in Mitte.« Der Autor Christian van Lessen berichtet, dass dies die zentrale Werkstatt für alle drei Berliner Opernhäuser, das Staatsballett und das Deutsche Theater war. Allein 22 Tischler arbeiteten in den Hallen, dazu Schlosser, Maler und Plastiker, die alles Mögliche können, etwa »Kostüme« in Form eines Toastbrotes oder eines Spiegeleis herstellen. »Hier ist die Baustelle, die Werkstatt der Kultur, mit großen Hallen auf vier Etagen und einem Lastenaufzug, der einer der größten in Berlin ist.«

Die Werkstätten der Berliner Opern sind 2014 in das ehemalige Druckhaus des *Neuen Deutschland* am früheren Wriezener Bahnhof umgezogen. Im einstigen Magazin an der Chausseestraße aber weht mehr Theaterluft denn je, wenn man das so sagen kann. Heute ist das alte Gebäude Teil des preisgekrönten Neubaus der Hochschule für Schauspielkunst Ernst Busch. Nach mehr als zehn Jahre währenden Querelen um einen neuen Sitz für die damals auf vier zum Teil baufällige Standorte verteilte renommierte Hochschule konnte sie den Neubau 2018 beziehen. Erstmals beherbergt das Gebäude alle vier Studiengänge an einem Ort: Schauspiel, Regie, Zeitgenössische Puppenspielkunst und Choreografie. Dank der neuen Zufahrt von der Zinnowitzer Straße aus hat die Hochschule nun diese Adresse. Die Baukosten lagen am Ende mit 44 Millionen Euro zehn Millio-

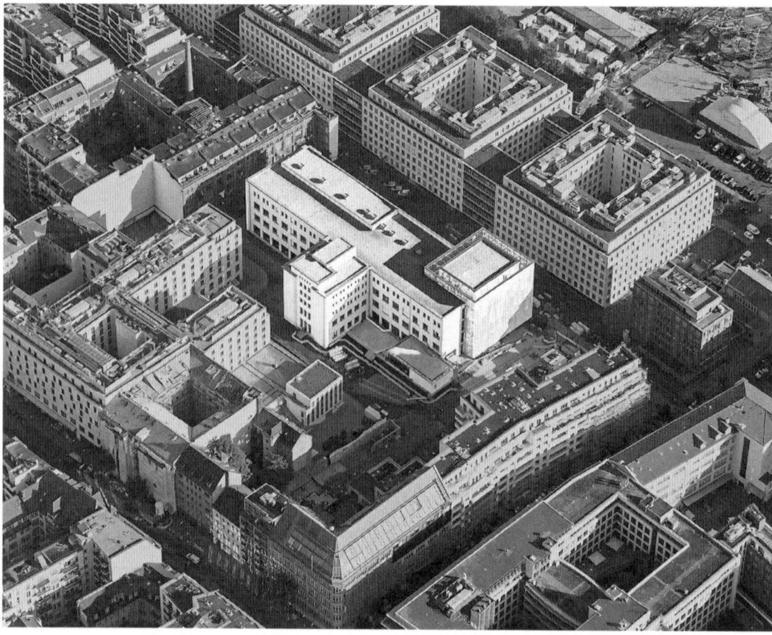

Blick auf das Gelände östlich der Chausseestraße in Höhe Zinnowitzer Straße, 2018. Der hervorgehobene Komplex ist die Schauspielschule, der Block links oben davon das Hotel Titanic.

nen über dem ersten Ansatz, was zwischenzeitlich das ganze Projekt gefährdete. Nur fantasievolle Proteste der Studierenden und vieler prominenter Absolventen der Schule, die die Öffentlichkeit mobilisierten, verhinderten das Aus.

Das Gebäude mag auf den ersten Blick einen unfertigen Eindruck machen, doch dies ist beabsichtigt. Auf ihrer Website beschreiben die Berliner Architekten Ortner & Ortner das Projekt so: »Von außen setzt sich das Haus aus 3 Teilen zusammen: dem ertüchtigten Altbau, der an seiner Stirnseite aufgeschnitten wird, dem holzverkleideten Bühnenturm, der sich seitlich in diese Schnittstelle einklinkt, und der gläsernen Mensa-Schachtel, die gegenüber an die Altbauflanke herangeschoben ist. Das Zusammentreffen von Rohem und Verfeinertem sowie Altem und Neuem zeigt sich in den Innenräumen an einer trennenden Linie, die sich auf einer Höhe von 2,30 Meter durch das gesamte Gebäude zieht. Alle Oberflächen unterhalb dieser Höhe sind verfeinert, die Bauteile darüber verbleiben in ihrem vorgefundenen oder rohen Zustand. Der 24 Meter hohe Bühnenturm mit seiner Holzverschalung sorgt dafür, dass das Gebäude in der Zinnowitzer Straße von weitem als öffentlicher Ort erkennbar ist.«

Der Bühnenturm, in dem die beiden Studiobühnen übereinanderliegen, ist das wohl auffälligste Merkmal des neuen Campus, der einerseits wie ein Fremdkörper zwischen all den feinen Hotels und Luxusapartmenthäusern dieser Gegend wirkt. Andererseits macht das auch seinen Reiz aus. »Durch die Kombination des holzverhüllten Korpus mit dem Altbau aus Beton gelang eine spannungsreiche Symbiose. Die aus dem Zusammentreffen von alt und neu resultierende Entwicklung in eine gemeinsame Richtung ist unverkennbar – die Hochschule ist gebaute Theatralik«, hieß es in einer Kritik des Fachportals Baunetz Wissen. Im Jahr 2020 erhielt das Architekturbüro Ortner & Ortner den Deutschen Hochschulbaupreis für dieses Projekt.

Holger Zebu Kluth, bis September 2021 Rektor der Hochschule, wies Kritik an den Kosten für den Neubau zurück. »Die Ernst Busch trägt für die hohen Baukosten keine Schuld. Am Gebäude selbst ist nichts teuer, wir wollen ja auch keine feine Hochschule sein, da passt der Stil zum linken Charakter der Ernst Busch schon sehr gut«, sagte er der *taz* im Oktober 2018. Wenn man von der Chausseestraße durch das Tor zum Spa-Bereich des Hotels Titanic geht, stößt man auf der Rückseite auf den Campus der »Ernst Busch«. Dort sitzen manchmal Studierende in einem Stuhlkreis auf dem Rasen und diskutieren miteinander, während wenige Meter entfernt auf der Terrasse des Spa Hotelgäste in weißen Bademänteln ruhen. Sehr verschiedene Lebenswelten, ganz eng beieinander.

Doch nicht alles ist neu in dieser Gegend. Direkt gegenüber dem Titanic steht das Ballhaus Berlin, das schon auf den ersten Blick wie ein Gegenentwurf zur glatten Fassade des Hotels wirkt. Das Ballhaus ist eine Legende mit großer, mehr als 100 Jahre währender Vergangenheit, und dabei höchst lebendig. Das ist vor allem ein Verdienst von Christof Blaesius, der das Etablissement 2014 übernommen und weiterentwickelt hat. Der Respekt vor der Vergangenheit des Hauses spielte für ihn eine große Rolle, was schon an der liebevoll recherchierten und auf der Website präsentierten Geschichte zu erkennen ist. Zum Alten Baden hieß ab 1905 das erste Gasthaus mit Kaffeegarten im Hinterhaus des neu gebauten Chausseepalastes an der Chausseestraße 102. Als Schwankes Festsäle überstand es die Kriegs- und Revolutionswirren und erlebte die große Zeit der Amüsiertempel und »Pläsierkasernen«, die in den späten 1920ern in Berlin begann und heute in TV-Formaten wie *Babylon Berlin* gefeiert wird. Die Chausseestraße hatte sich inzwischen vom Armenviertel zur City des Nordens gewandelt – tagsüber quirlige Geschäftsgegend und am Abend Vergnügungsmeile für jedermann. Bis der Krieg dem ein Ende setzte.

Das Ballhaus überlebte den Krieg immerhin, nur das Vorderhaus wurde zerstört. 1949 eröffnete es als Behrens Casino neu und machte nun den »gemütlichen Altdeutschen Ball« zum Programm. 1975 wurde das Haus Volkseigentum. Das Ehepaar Gottschlich übernahm die Leitung und brachte neuen Schwung in das zum »Ballhaus Berlin« umgetaufte Etablissement. Discokugel, Tischtelefone und rauschende Ballabende ließen es zu einer Attraktion der Chausseestraße werden. Davon weiß auch die Journalistin Regine Sylvester zu berichten: »Das Ballhaus Berlin, mit Tischtelefonen, das war was! Man tanzte, man flirtete, wir haben uns amüsiert. Es war etwas Besonderes, etwas Erwachsenes, dort zu sein. Manchmal

Der Saal des Ballhauses ca. 1950 (oben) – und 2015

gab es Damenwahl. Da fasste man sich ein Herz und steuerte jemanden an, da ist dann weiter nie etwas draus geworden.«

Doch nach dem Mauerfall entstanden andere Attraktionen im Ost-Berliner Nachtleben, und um das Ballhaus wurde es still. Hier kam Christof Blaesius ins Spiel. Der Kölner, von Beruf Fernsehproduzent und Inhaber einer Eventagentur, zog 2004 in die Hauptstadt und entdeckte eine ihm völlig neue Welt. »Das war ja eine Zeit, in der der Ostteil noch sehr grau war«, erzählt er. »Freunde nahmen mich mit in illegale Clubs, Bars in Hinterhöfen und irgendwelchen Kellern, das war für einen Kölner faszinierend. Irgendwann sind wir dann auch im Ballhaus gelandet, und mit dem ersten Schritt hinein war mir klar, was das für ein außergewöhnlicher Ort war – der sollte irgendwann meins werden!«

Das Ballhaus war damals nur an den Wochenenden geöffnet, ab und zu gab es Clubveranstaltungen. »Die Kernzielgruppe der damaligen Betreiber kam am Wochenende zum Tanzen, 20, 30 Gäste. Die Leute nach DDR-Chic gekleidet, Pet-Flasche Cola auf dem Tisch und eine Flasche Jim Beam. Das kannten wir Westler so nicht.« Blaesius verguckte sich in das Haus und mietete es zwei-, dreimal für Veranstaltungen seiner Eventagentur. In den folgenden Jahren hielt er Kontakt zu den Gottschlichs, den damaligen Pächtern, und fragte, wann sie denn ans Aufhören dächten. 2014 war es so weit. Blaesius übernahm das Ballhaus und schloss es erst einmal für ein halbes Jahr. Das Haus war ziemlich heruntergekommen, der Ballsaal hatte den Charme einer 1970er-Jahre-Disco. »Wir haben also erst mal saniert und renoviert, immer mit dem Grundsatz: den alten Charakter erhalten und wieder richtig rausarbeiten.« Das gelte auch für die jüngsten Umbauten während der Corona-Zeit, sagt Blaesius. Neue Technik, alles ein bisschen luftiger, aber immer am Original orientiert. »Tatsächlich würde ein Besucher von einst die behutsam restaurierte Architektur sofort wiedererkennen, mit Balkon und Wendeltreppe, Leuchten und Tischtelefonen, Bar und Discokugel aus über 100 Jahren Ballhausgeschichte. Auch die alten Geister, ob mit Zwicker oder Charlestonkleid, Kreissäge oder Wasserwelle, schweben hin und wieder durch den Raum. Wir sorgen dafür, dass sie hierbleiben.«

Ein schneller Schluck

Blaesius hat das zuletzt als Parkplatz und Werbefläche genutzte Gelände vor dem Ballhaus, den einstigen Hinterhof, zur Terrasse umgestaltet. Segmente der Berliner Mauer erinnern an die jüngere Vergangenheit. Die hier auch angesiedelte Bierstube Alt Berlin hat indes eine eigene Geschichte, sie stand eigentlich woanders. Zwei Kilometer entfernt, in der Münzstraße am einstigen Straßenstrich, der dem Etablissement seit den 1920er-Jahren den Spitznamen »Zu den 3 Ritzen« und ein buntes Publikum aus oft zwielichtigen Nachtschwärmern bescherte. Hier überlebte die 1893 eröffnete Bierstube die Bombennächte des Weltkriegs. Ab 1960 wurde sie unter der Leitung eines Ehepaars zu einer Szeneadresse des Ost-Berliner Nachtlebens. Stars und Sternchen des Friedrichstadtpalasts, Mitarbeiter des nahe gelegenen Berliner Verlags und viele mehr trafen sich hier. Nach der »Wende« verbreitete sich ihr Ruf als urige Szenekneipe, sie war jeden Abend voll. Legendär war das Schild im Fenster: »Das Schönste aller Dinge, ein schneller Schluck bei Heinz und Inge«, dazu gehörten Solei und Boulette. Nach Heinz' Tod übergab Inge die Kneipe 2010 an einen westdeutschen Gastwirt. Doch obwohl die Bierstube weiter boomte, war 2014 Schluss, denn ein Investor hatte andere Pläne für das Haus Münzstraße 23. Stammgäste, darunter der in der Nähe wohnende Blaesius, retteten Stühle, Tische, Wandpaneele und Rückbuffet vor dem Sperrmüllcontainer. Zwei Jahre später konnte der neue Besitzer des Ballhauses der Bierstube eine Heimat in der Chausseestraße 102 bieten, wo sich zwei einst

Der Chausseepalast mit intaktem Vorderhaus, ca. 1910

unscheinbare Lagerräume nun als neues Alt Berlin im alten Gewand präsentieren. Seit der Wiedereröffnung im Mai 2016, zu der im Laufe des Abends nach der Erinnerung von Blaesius mehr als 1000 Gäste erschienen, mischen sich hier alte und neue Besucher, der Laden läuft. Auch dank des Hotels mit seinem Tagungszentrum gegenüber. »Wenn die dort den ganzen Tag in Konferenzen sitzen, haben die Leute abends keine Lust, auch noch im Hotel zu bleiben oder lange rumzusuchen. Die kommen einfach über die Straße zu uns«, sagt Blaesius.

Seit 1997 empfängt das Hostel Ballhaus Berlin Übernachtungsgäste und ist damit nicht nur eines der ältesten in Deutschland, Blaesius hält es wegen seiner Gründerzeitgeschichte auch für eines der schönsten. Dort, wo heute Touristen günstig unterkommen können, fertigte seit 1912 die Schmidt & Fuchs GmbH mit mehr als 100 Angestellten zahnärztliche Geräte und Instrumente sowie hydraulische Möbel und verkaufte sie in alle Welt. Alte Fotos zeigen, dass es auch damals schon ein kleines Hotel Ahlbeck im Chausseepalast gab. Das Vorderhaus mit der Wohnung der Familie Fuchs wurde komplett zerstört und nach dem Krieg abgetragen.

Nach Georg Fuchs' Tod führte seine Frau Edith in der Nachkriegszeit hier noch einige Jahre ein Ladengeschäft für Zahnarztbedarf. Im zweiten Stock der Fabrik hatte von 1951 bis 2009 die Gemeinde der im Krieg zerstörten Gnadenkirche ihren Sitz. Die gut erhaltene grün-weiß glasierte Klinkersteinfassade und die großzügigen Grundrisse erinnern noch an die Industriegeschichte des Gebäudes. Im Kontrast dazu stehen die modern gestalteten Zimmer des Hostels mit Arbeiten zeitgenössischer Künstler wie Jim Avignon oder Ellen von Unwerth.

Und schließlich knüpft seit 2018 auch die Kaffeestube Alt Berlin vor dem Ballhaus an eine Tradition an. Diese reicht zurück bis in die Gründerzeit, als um 1900 im rechten Erdgeschoss der Chausseestraße 102 das Café und Conditorei Eugen Mraschny eröffnete. Erst als das Vorderhaus einem Bombenangriff zum Opfer fiel, zog die Konditorei in die Chausseestraße 32 um.

Links neben dem Café gab es das Konzert- und Speisehaus N.W., für Postbezirk Nord-West, zu dem ein kleiner Biergarten gehörte. In dem zur Straße offenen einstigen Gewerbehof betreibt jetzt das Ballhaus seinen Biergarten. Wo heute Tische und Bierbänke stehen, lief früher der Betrieb der Fabrik Schmidt & Fuchs. Wenn die Arbeiter Feierabend machten, begegneten sie wohl schon den ersten Nachtschwärmern mit Kurs auf Schwankes Festsäle im Hinterhaus, die dort bis zum Morgengrauen ihren Spaß hatten, wenn die Arbeiter schon wieder zur Arbeit erschienen. Damals trennte das viergeschossige Vorderhaus den Hof von der Straße. Heute stellt der Biergarten des Ballhauses die letzte Baulücke in der Chausseestraße dar – die allerdings ist reich gefüllt.

Die Investitionen der vergangenen Jahre waren nur möglich, weil die Besitzer von Haus und Grundstück den Projekten von

Blaesius wohlgesonnen waren. Ein inzwischen auch schon betagtes Geschwisterpaar erbte die Liegenschaft im Zuge der Eigentumsrückübertragung nach dem Mauerfall vom Großvater. »Man musss ihnen hoch anrechnen, dass sie ein großes Interesse daran haben, dass das Ballhaus erhalten bleibt«, sagt Blaesius. »Und sie lassen uns machen.« Erst 2020 hat er einen Pachtvertrag für weitere 20 Jahre abgeschlossen, das gibt Sicherheit für die Zukunft des Ballhauses, auch wenn die Schließungen und Einschränkungen während der Pandemie das Unternehmen wie die ganze Branche schwer getroffen haben.

Voran im neuen Kurs

Viele Jahre hatte das Ballhaus auf der anderen Seite der Chausseestraße, einige Dutzend Meter weiter in Richtung Oranienburger Tor, eine legendäre Verwandte: Die Tanzbar Clou in der Hausnummer 20, aus der später die Hafenbar wurde. Das Clou war Teil einer 1954 von der SED beschlossenen Strategie zur Steigerung des Freizeitwerts Ost-Berlins, wozu auch das Nachtleben gehörte. Eine andere Idee war die Einführung der dann äußerst populären Berliner Bärenlotterie. Hinter dem Beschluss mit dem Titel »Unser Berlin, voran im neuen Kurs« vom 11. Oktober 1953 stand die Überlegung, auf den Aufstand vom 17. Juni nicht nur mit Repression, sondern auch mit Verbesserungen des Alltagslebens zu antworten. Dies hatte in Ost-Berlin eine besondere Bedeutung, weil die Grenze offen war und zwischen beiden Stadthälften ein reger Verkehr herrschte, nicht zuletzt abends, wenn West-Berliner sich auf den Weg ins günstigere Ost-Berliner Nachtleben machten. Da West-Berlin keine Sperrstunde kannte, erweiterte die SED die Öffnungszeiten der Nachtbars – im Clou konnte man bis fünf Uhr früh tanzen. Viele Gaststätten unterstanden der staatlichen Handelsorganisation (HO), die sich hier mal nicht als Verwalterin von Lieferengpässen, sondern als Gastgeberin ungezügelter Lebensfreude präsentieren konnte. Das Ganze fand in einem sehr schlichten, zweigeschossigen Haus aus dem frühen 19. Jahrhundert mit der Hausnummer 20 statt.

Nach dem Mauerbau funktionierte das Konzept nicht mehr, und die HO suchte nach neuen Wegen. In der Chausseestraße sollte es nun maritim zugehen, aus dem Clou wurde 1967 die Hafenbar. Vielleicht war das ein Versuch, ein wenig weltoffene Atmosphäre in die eingemauerte Stadt zu bringen, und sei es nur für einen feuchtfröhlichen Abend. Klaus Zagermann aus der alten Clou-Mannschaft übernahm das Kommando, und er hatte viele Ideen, wie man aus dem alten Gemäuer einen »Hafen voller maritimer Erlebnisse« machen konnte: »Natürlich mussten wir improvisieren. Weil wir kein Material für eine Holzvertäfelung unter der Decke hatten, haben wir uns für ein Fischernetz entschieden«, schrieb er für die Website der Hafenbar. Aus dem Provisorium wurde ein Markenzeichen, das für Jahrzehnte an der Decke hängen blieb. Ebenso wie die Schiffsschaukeln, auf denen man an der Bar saß. Dazu gab es hier schon in den 1960er-Jahren, was heute als Eventgastronomie bezeichnet wird. Veranstaltungen wie »Piratenfest« oder »Seemannsabend« lockten die Gäste in Scharen an. Aquarien mit exotischen Fischen und eine Grillbar, dazu Cocktails und Livemusik bildeten einen neuen Anlaufpunkt in der Ost-Berliner Vergnügungsszene. Die Hafenbar wurde schnell landesweit bekannt, weil der Radiosender Stimme der DDR hier regelmäßig sein »Hafenkonzert« aufzeichnete.

Die Journalistin Regine Sylvester erinnert sich gern an die Abende in der Chausseestraße 20: »Die Hafenbar war etwas ganz Schönes. Da trafen sich alle Schichten und alle Generationen. Man trank, tanzte, sang mit, lachte, ganz ohne Allüren. Mit Allüren hätte man da keinen Platz gefunden. Es war immer voll, und es herrschte immer so eine leicht angetrunkene, aber nicht unangenehme Stimmung, immer so ein bisschen über dem Pegel.«

Ähnlich wie dem Ballhaus gelang es auch der Hafenbar, sich nach dem Mauerfall in die neue Zeit zu retten. An die Grenzöffnung erinnert sich Klaus Zagermann so: Erst habe er sich gewundert, dass am Abend des 9. November kaum Personal zum Dienst erschienen sei. »Als ich dann im Westfernsehen die Bilder sah, habe ich mich mit einer verbliebenen Mitarbeiterin unten an die Tür gestellt, und wir haben aus der Eingangstür den Sekt flaschenweise verkauft, das ging ein paar Tage so.« Dann kamen die Probleme. Nach einigen Monaten tauchten die Anwälte eines New Yorker Geschäftsmannes auf, der durch Rückübertragungsansprüche neuer Eigentümer der Chausseestraße 20 geworden war. Doch Zagermann konnte mit ihm einen neuen Pachtvertrag aushandeln und bleiben. Es folgten einige trübere Jahre, die Hafenbar wurde verkleinert, aber ihr Ruf verbreitete sich auch nach West-Berlin. Wenn man noch Original-DDR-Feieratmosphäre erleben wollte: Hier fand man sie, und das reichte erst einmal zum Überleben. 1996 entdeckten die Moderatoren Stefan Rupp und Fabian Böckhoff von Radio eins die Hafenbar und veranstalteten hier ihre *Stimmen in Aspik*-Schlagerpartys – zwanzig Jahre lang, mit am Ende Hunderttausenden Besuchern.

Döner statt Boulette

Im Mai 2016 war dann nach mehrmaligem Aufschub endgültig Schluss für die Hafenbar an diesem Ort. Ein neuer Investor übernahm das Grundstück. Nach der letzten Party am 14. Mai 2016 entzurrte die Hafenbar-Crew das legendäre Fischernetz und montierte die Bullaugen ab. Drei Wochen später eröffnete die neue Hafenbar mit altem Schmuck am Alexanderplatz. Das Gebäude in der Chausseestraße wurde abgerissen, und eines der üblichen Büro- und Geschäftshäuser mit großen Fensterflächen bildet immerhin einen interessanten Kontrast zum Altbau nebenan. Es wird allein von Researchgate genutzt, einem internationalen wissenschaftlichen Forschungsnetzwerk auf kommerzieller Basis mit weltweit zehn Millionen Mitgliedern. Hauptsitz der Gesellschaft ist Berlin.

Von den einst vielen Eckkneipen an der Chausseestraße hat nur eine überlebt: das Quelleck oder auch Fritze an der Ecke Tieckstraße. Die Kneipe lockt Touristen damit, über Berlins älteste Bierzapfsäule zu verfügen. Und tatsächlich fließt das Schultheiss hier aus einer prächtigen Zapfanlage aus buntem Porzellan, gekrönt von einer vergoldeten Männerfigur, die locker ein Bierfass auf der Schulter trägt. Laut Firmenschild stammt die Anlage von der Firma Bierdruck Apparate Serbe & Schulz aus Leipzig, leider ohne Jahresangabe. Das Quelleck ist eine Berliner Kneipe, die nicht mit Boulette und Solei aufwartet, sondern mit Döner, Falafel und Halloumi vom dazugehörigen Imbiss Kebap 63 gleich nebenan. Seit 2009 führt ein Deutsch-Türke das Lokal, das auf vorbeischlendernde Touristen ebenso setzt wie auf Gäste aus dem Kiez, die sonnabends gemeinsam Fußball gucken. An zwei Abenden in der Woche steht die frühere Wirtin noch am historischen Zapfhahn und freut sich über alte Stammgäste.

Eine surreale Welt in Grau

In der Fotografiensammlung des Berliner Stadtmuseums findet sich ein Schatz, der einen ganz ungewöhnlichen Rückblick auf die Chausseestraße Anfang der 1980er-Jahre bietet. Er ist Teil eines Konvoluts von insgesamt 202 Fotos, die zu 30 Streifen von bis zu 2,20 Metern Länge zusammengeklebt und gerollt wurden. Sie ergeben die sogenannte fotografische Abwicklung zweier Straßenzüge Ost-Berlins, einer davon betrifft die Friedrichstraße und Chausseestraße. Die Fotografien folgen Haus für Haus, Grundstück für Grundstück dem Straßenverlauf mit Blick auf Einzelhandelsgeschäfte und zeigen meist die beiden ersten Stockwerke der Gebäude – und zufäl-

SCHUHSALON MITTE
HO
SCHUHE
Farbenhaus Nor
TAPETEN

alles für den Herrn
SONDER WEITEN
SONDER WEITEN
SONDER WEITEN
HerrenSalon

KURZWAREN
HO

Oben links: Die Einmündung der Invalidenstraße in die Chausseestraße, an der Ecke der Schuhsalon Mitte. In der ersten Etage des zweistöckigen weißen Hauses neben dem Farbenhaus Nord verbarg sich hinter den abgeklebten Fenstern die legendäre Hafenbar. Tristesse prägt auch den weiteren Straßenverlauf. Allerdings: Für den täglichen Bedarf scheint an der Chausseestraße gesorgt gewesen zu sein: Es gab (mittlere Reihe) Alles für den Herrn, einen Herren-Friseursalon, Exlibris – ein Büro für Buchgestaltung – sowie ein Büro der Nationalen Front. Im Borsig-Haus bot eine Rewatex-Reinigung ihre Dienste an, daneben (unten) ein Kurzwarengeschäft und an der Ecke zur Tieckstraße das Quelleck.

SPARKASSE
RUNDFUNK

HO ELEKTROWAREN HO

Paul Schober akademische Buchhandlung

Oben noch einmal die östliche Straßenseite mit der Sparkassenfiliale in der Chausseestraße 11, Ecke Tieckstraße, HO Rundfunk und Fernsehen sowie Erd- und Feuer-Bestattungen. Auf der westlichen Straßenseite (mittlere Reihe) gab es HO-Geschäfte für Elektrowaren in der Nummer 129, Haushaltwäsche und ein Vitaminzentrum, das Brecht-Haus (hier nicht abgebildet) und die Akademische Buchhandlung Paul Schober. Der einzige Neubau weit und breit: eine Kaufhalle, die um 1980 auf dem abgeräumten Trümmergrundstück Chausseestraße 121 errichtet wurde, es soll die 100. in Ost-Berlin gewesen sein. Daneben ein Künstlerbedarf und Leerstand.

lig vorbeikommende Passanten. Reine Wohngebäude, Brachflächen und Grünanlagen kommen nicht vor, so fehlt beispielsweise der Blick auf den Dorotheenstädtischen und den Französischen Friedhof. Die links und rechts angrenzenden Gebäude sind hingegen vorhanden.

Die Leiterin der Fotografischen Sammlung des Museums Ines Hahn geht davon aus, dass die um 1981 entstandenen, manchmal etwas unscharfen Bilder nicht von einem professionellen Fotografen angefertigt wurden. Sein Name ist unbekannt. Sie nimmt an, dass die Fotos einer Planungsbehörde zur Visualisierung des Verhältnisses von Geschäften der staatlichen Handelsorganisation (HO) und der Konsum-Genossenschaft zu Privatläden dienten. Darauf weisen Aufkleber auf den Bildern hin, blaue für HO-, rote für Konsum-Geschäfte.

Ines Hahn hat die Aufnahmen des zweiten Straßenzuges, Greifswalder Straße/Klement-Gottwald-Allee, für das Buch *Ost-Berlin. 30 Erkundungen*, den Begleitband zur Ausstellung *Ost-Berlin – Die halbe Hauptstadt* (2019 im Ephraim-Palais) ausgewertet und beschrieben: »Jahrzehnte nach ihrem profanen Gebrauch wirken die Rollen wie Zeitkapseln, Botschaften aus einem verschwundenen Alltag – gerade, weil sie ideologiefrei, nicht wertend, ohne persönliche Handschrift eines Fotografen im immer gleichen rechten Winkel die Fassaden ›abtasten‹.«

Die noch nie öffentlich gezeigten Bilder der Chausseestraße bieten den Blick auf eine graue, fast leblose Stadtlandschaft mit provinziell anmutenden Geschäften – als sei die Zeit hier irgendwann stehen geblieben. Nur wenige Menschen, kaum parkende Autos sind zu sehen. Es ist eine »fast surreale« Szenerie, wie Hahn schreibt.

Der Glanz dreier Sterne

Neben dem Titanic sind in den Jahren seit 2010 weitere neue Hotels an der Chausseestraße und in ihrer Umgebung entstanden. Wegen der zentralen Lage und der Nähe zum Hauptbahnhof sind sie für Geschäftsreisende wie für Touristen interessant. Dazu kommen U- und S-Bahn-Stationen in unmittelbarer Nähe. Einige wissen aber auch eine besondere Attraktion der Chausseestraße zu schätzen: das Rutz, das einzige Drei-Sterne-Restaurant Berlins.

Seit 2001 bieten Anja und Carsten Schmidt hier eine exzellente Küche und gepflegte Weine an. Viele Jahre schon ist Marco Müller Küchenchef, der Sterne-Mann. Sie sind damit in dieser von ständigen Veränderungen geprägten Gegend eine der wenigen Konstanten. Um die Jahrtausendwende war die Chausseestraße in weiten Teilen noch grau, unansehnlich und unattraktiv. Das wirkte sich auf die Mietpreise aus. Die waren vergleichsweise günstig und damit ein entscheidendes Motiv für die jungen Gründer, hier ihr mit dem 2003 verstorbenen Sommelier Lars Rutz entwickeltes neues Konzept einer Weinbar mit Restaurant und Weinverkauf auszuprobieren. Sie wählten dafür eine nach außen unauffällige, aber doch spektakuläre Location: das Vorderhaus der damals gerade wiederhergestellten Alten Lokfabrik in der Chausseestraße 8.

»Wir hatten schon ziemlich lange nach etwas Passendem gesucht«, erzählt Carsten Schmidt. »Es war auch damals schon schwierig, in der Größenordnung etwas Kalkulierbares zu finden. Die Gegend war zwar noch struppig, aber es gab auch sehr viele Start-ups.« Das Rutz passte zur Aufbruchstimmung, die Berlin um die Jahrtausendwende erfasst hatte. Junge Werbeagenturen wie Jung von Matt oder Scholz & Friends siedelten sich in der Hauptstadt an, einige davon in der Chausseestraße. Scholz & Friends bezog Ende der 1990er-Jahre Büros in der ehemaligen Lokfabrik hinter dem Rutz. Dort begann in jenen Jahren auch der Aufstieg von Sarah

Wiener mit ihrem Cateringservice für Filmproduktionen, aus dem dann ihr Restaurant Speisezimmer am gleichen Ort entstand.

»Die Kreativszene passte genau zu unseren Ideen«, sagt Anja Schmidt. Mit den Anschlägen von 9/11 brach der Hype 2001 zwar erst einmal zusammen, doch die Weinbar Rutz steckte das weg. »Wenn das Konzept gut ist, dann pilgern die Leute auch irgendwohin, wo sie sich noch nicht auskennen, gerade in so einer urbanen Stadt wie Berlin«, so Anja Schmidt. »Wir waren damals schon *talk of the town*, und die Leute sind auch aus Grunewald und Charlottenburg hergekommen. Weil es da einfach nichts Vergleichbares gab. Wir waren eine der ersten Weinbars überhaupt in Berlin und sehr überzeugt von unserem Konzept. Dass es so gut ist, dass der Standort sekundär ist.« Wichtig sei auch die Eröffnung des Hauptbahnhofs 2006 gewesen. »Damit hat sich hier viel verändert, das Gravitationsfeld hat sich deutlich nach Norden verlagert.« Das Rutz profitiere auch von den vielen neuen Hotels, die sich im Umfeld ansiedelten.

»Als der erste Mietvertrag nach zehn Jahren auslief, haben wir schon intensiv drüber nachgedacht, ob wir den Standort wechseln und uns mehr nach Mitte-Mitte orientieren«, wirft Carsten Schmidt ein. »Aber wir wollten dann den angestammten und inzwischen gelernten Platz doch nicht aufgeben.« Damit war auch klar, dass das Rutz mit Küchenchef Marco Müller – inzwischen ein Gourmetrestaurant mit einem Michelin-Stern – zwar bleiben, aber nicht stehen bleiben sollte.

»Wir haben 2011 den Laden für drei Monate geschlossen und sehr aufwendig umgebaut. Das war die Grundlage für den zweiten und dann auch für den dritten Stern, eine ganz klare Entscheidung für den Standort. Der ist für unser Konzept gut, besser als an den Hotspots, wo alle anderen liegen.« Die Schmidts sind davon überzeugt, dass sie zur Aufwertung der Chausseestraße beigetragen haben. »So ein Laden zieht auch andere an.« Als sie anfingen, habe es in der Gegend drei Asialäden und vier Spätis gegeben. Heute sei nur einer übrig geblieben – direkt nebenan, »sehr urban«, wie Carsten Schmidt ein wenig ironisch sagt. »Dafür Blumengeschäfte, die Häuser werden wunderschön renoviert, und es haben sich auch wieder kleinere Restaurants angesiedelt. Es hat sich wirklich verbessert«, findet seine Frau. Und die Schmidts loben ihren Hauseigentümer, eine Seltenheit in Berlin: »Wir haben sehr wohlwollende Vermieter. Die gucken ein bisschen über den Tellerrand hinaus und gehen nicht nur auf Profit, sondern schauen auch auf das Konzept für ihr Objekt.«

Zu den Besonderheiten des Rutz zählt, dass die Weinbar im Erdgeschoss weiterhin gehobene Brandenburger Küche zu moderaten Preisen anbietet, während die Drei-Sterne-Menüs in der ersten Etage serviert werden. So bewahrt sich das Lokal eine vielfältigere Kundschaft als andere Spitzengastronomen. Gerade erst haben die Betreiber das Zollhaus am Landwehrkanal in Kreuzberg übernommen und sind zuversichtlich, trotz mächtiger Verluste durch die Schließung während der Pandemie mit allen Unternehmungen zu überleben und durchzustarten.

Und wo wohnen die ebenso innovativen wie bodenständigen Gastwirte – in Dahlem oder Potsdam vielleicht? »Aber nein«, lacht Anja Schmidt. »Wir sind echte Ur-Neuköllner. Wir wohnen in der Bronx.«

11
»DIE GLÜHLAMPE HIELT TRIUMPHALEN EINZUG«
Start-ups gab es hier schon vor 140 Jahren

Haben Sie schon einmal von der Silicon Allee in Berlin gehört? Manche Leute aus der Start-up-Szene nennen die Chausseestraße so. Wirklich durchgesetzt hat sich der Kunstname nicht, zumal der große Boom der kreativen Tech-Unternehmen an der Chausseestraße eher in den Nuller- und Zehnerjahren unseres Jahrhunderts lag. Seither sind auch hier die Mieten in Regionen gestiegen, die junge Unternehmensgründer sich nicht leisten können oder wollen.

Ein Heim für digitale Nomaden

Nur ein paar Häuser die Straße hoch, in der Nummer 19, residiert allerdings seit 2011 ein Firmencampus mit ebendiesem Namen: Silicon Allee. Die Netzwerker widmen sich nach eigener Darstellung erfolgreich der Entwicklung und Verknüpfung der Berliner Tech-Community. Sie vermitteln Kontakte, Konzepte, Jobs, Mitgründer, Kapitalgeber, Büros, PR und guten Rat. Wenn der digitale Nomade eine Zeit lang sesshaft werden möchte, geht das hier auch: In der obersten Etage stehen edel möblierte Apartments zur Verfügung, auf dem hier üblichen Mietniveau, also alles andere als günstig. Dafür aber »in the heart of Berlin's tech and innovation district«, wie es auf der Website heißt. Nur wenige, die sich in dieser Szene bewegen, wissen, dass sie auf den Spuren bedeutender Vorgänger wandeln, die zum Teil in denselben Räumen gegen Ende des 19. Jahrhunderts mit genialen Erfindungen, Mut und Zukunftsglauben Unternehmen gründeten, deren Namen bis heute nachklingen.

Aus Erfahrung gut

Davon künden zum Beispiel die 1880 errichteten Edison-Höfe, die gleich um die Ecke die Schlegel- und die Invalidenstraße miteinander verbinden. Hier gründete 1883 der Ingenieur Emil Rathenau die Deutsche Edison-Gesellschaft für angewandte Elektrizität, nachdem er von dem Amerikaner Thomas Edison die Patente der von diesem entwickelten elektrischen Glühlampe erworben hatte. In einem der Hinterhofgebäude mit den heute sanierten gelb-roten Klinkerfassaden begann die Produktion der ersten deutschen Glühbirnen, die weit mehr als 100 Jahre Licht in die Dunkelheit brachten, bis sie von Halogen- und LED-Leuchtkörpern abgelöst wurden.

Bis 1905 lief die Produktion von Birnen, Glühfäden, Fassungen, Sicherungen und Dynamos an diesem Standort. Zu der Zeit war aus Rathenaus Edison-Gesellschaft längst die Allgemeine Elektrizitäts-Gesellschaft (AEG) geworden und Emil Rathenaus Sohn Walther einer der einflussreichsten deutschen Industriellen mit erheblichen politischen Ambitionen. 1921 berief ihn Reichskanzler Joseph Wirth in seine Regierung, 1922 wurde er Außenminister und handelte einen Aussöhnungsvertrag mit der Sowjetunion aus. Wenig später wurde er von Rechtextremisten ermordet.

Die AEG wuchs zu einem Weltunternehmen mit bis zu 200 000 Beschäftigten und einer Produktpalette, die zeitweilig vom Kerngeschäft mit der »weißen Ware«, Haushaltsgeräten wie Waschmaschinen, Kochherden und Kühlschränken, über die von Eduard Schüller für AEG erfundenen Magnettonbandgeräte bis zu Rüstungsgütern und Kraftwerken reichte. Durch Missmanagement geriet die AEG in den 1980er-Jahren in Schieflage, wurde für eine Zeit lang von einem anderen Traditionsunternehmen, Mercedes-Benz, übernommen und 1996, genau 113 Jahre nach ihrer Gründung, wegen Insolvenz aufgelöst. Die Marke allerdings existiert bis heute. Das schwedische Unternehmen Electrolux hat die Lizenzen erworben und nutzt den immer noch prominenten Namen. Der alte AEG-Slogan »Aus Erfahrung gut«, für Jahrzehnte einer der gängigsten Werbesprüchen in Westdeutschland, funktioniert noch immer.

Die historischen Gebäude der Edison-Höfe haben Krieg, Zerstörung und Verwahrlosung in der Substanz gut überstanden. Ab 2001 wurden sie saniert und erhielten knapp zehn Jahre später einen ansehnlichen Vorbau auf einer vormaligen Kriegsbrache an der Invalidenstraße. Heute gehören sie der Sparkassentochter Deka, die sie als »Mix aus sanierten Industrie- und Neubauten« mit einer Nutzfläche von 26 000 Quadratmetern vermarktet. Büros, Wohnungen, auch ein wenig Gastronomie bringen Leben in die Höfe. Leerstand ist in den Edison-Höfen schon seit langer Zeit ein Fremdwort.

Zur bunten Mischung trägt die Humboldt-Universität mit ihrem Institut für Asien- und Afrikawissenschaften bei, das hier seine Spezialbibliothek unterhält. Und in einem der Kellergewölbe befindet sich die Kunstfabrik Schlot, einer der führenden Jazzclubs in der Hauptstadt. Dazu kommen ein vielseitiges Angebot für Kinder und Jugendliche in Zusammenarbeit mit Musikschulen, Lesungen und Filmabende. Als seine Philosophie benennt das Schlot: »Kultur vor Kommerz«, in dieser kommerziell geprägten Umgebung ein Alleinstellungsmerkmal.

Die heutigen Eigentümer sind sich der historischen Bedeutung ihrer Immobilie wohl bewusst. Am Zugang von der Invalidenstraße erzählt eine Hinweistafel von der Geschichte des Standorts, an dem »der rasante Aufstieg des elektrischen Glühlichts in Deutschland begann«. Als Werbung für das »neue Licht« ließ Emil Rathenau, der Exklusivverträge mit der Stadt geschlossen hatte, öffentlichkeitswirksame Beleuchtungssysteme installieren – an den Edison-Höfen, aber auch am Café Bauer Unter den Linden. »Die Glühlampe hielt triumphalen Einzug in das gesamte öffentliche Leben und begründete in den Goldenen Zwanzigern das Bild Berlins als einer Stadt des Lichts.«

Die Historikerin Lisa Gerlach verweist in dem Sammelband *Stadtgeschichte als Zeitgeschichte* auf einen um die Wende vom 19. zum 20. Jahrhundert eingetretenen sozialen Nebeneffekt der Elektrifizierung: »Nicht nur die als spektakulär wahrgenommenen Einweihungen der elektrisch beleuchteten Straßen und Plätze stellten einen Anreiz dar, abends auszugehen. Im neuen Licht wurden Spazieren und Flanieren in der Dunkelheit zu neuen, beliebten Freizeitbeschäftigungen. Frauen und Männer nutzten, wenn auch unter unterschiedlichen Voraussetzungen und in unterschiedlichen Ausprägungen, die Straße um ihrer selbst willen, zur Rekreation, zum Spazieren, Sehen, Zeigen.« Es ist bemerkenswert, wie sich die Bewertung dieser »Nokturnalisierung« in den vergangenen 120 Jahren verändert hat: Während damals das elektrische Licht als Triumph über die Dunkelheit gefeiert wurde, ist die »Lichtverschmutzung« heute Gegenstand soziologischer und ökologischer Untersuchungen.

Ernst Schering, Apotheker 1. Klasse

Eine ähnliche Erfolgsgeschichte wie Emil Rathenau hat auch ein zweiter früher Gründer an der Chausseestraße zu bieten, nur finden sich von ihm hier keine Spuren mehr. Nach einer Apothekerlehre und Wanderjahren als Gehilfe studierte Ernst Schering in Berlin Pharmazie und übernahm 1851 als »Apotheker 1. Klasse« in der Chausseestraße 17 eine Apotheke. Im selben Haus bezog er mit seiner Familie eine Wohnung. Wegen seiner Begeisterung für Na-

Scherings »Grüne Apotheke« in der Chausseestraße 17, heute Hausnummer 24, 1851

turprodukte nannte er sein Geschäft programmatisch »Grüne Apotheke«, ungefähr 140 Jahre, bevor »grün« zu einem allgemein anerkannten Qualitätsmerkmal wurde. In der Nachbarschaft der großen Maschinenbaubetriebe von August Borsig und Ludwig Schwartzkopff hatte sie in deren Arbeitern eine zuverlässige Kundschaft und damit die wirtschaftliche Grundlage für Scherings Pläne, dem mehr vorschwebte, als herkömmliche Pillen und Salben zu verkaufen.

Ernst Schering verfolgte das Konzept einer »sauberen Chemie« und entwickelte in seinem kleinen Labor hinter dem Apothekenladen Chemikalien von größter Reinheit, die die Gesundheit ihrer Nutzer nicht belasten sollten. Er präsentierte sie auf der Pariser Weltausstellung und kehrte preisgekrönt heim. Mit seinen Produkten belieferte er die Parfümerie-, Textil-, Leder-, Seifen- und Feuer-

Das Eckgrundstück Chausseestraße 23/Zinnowitzer Straße im Jahr 1990 mit dem ehemaligen VEB Labor- und Feinchemikalien

werksindustrie und legte so die Grundlage für den Aufstieg zu einem Weltkonzern, der Schering AG. Während sein Sohn Richard die Apotheke weiterführte und dafür eine Straßenecke weiter, an der Zinnowitzer Straße, ein prächtiges Wohn- und Geschäftshaus bauen ließ, gründete Ernst Schering 1864 die Chemische Fabrik Ernst Schering und kaufte ein Grundstück an der Müllerstraße, der Weddinger Verlängerung der Chausseestraße. Dort befinden sich bis heute Produktionsstätten des Pharmakonzerns Bayer AG, der 2006 die Schering AG übernommen hat. Zu dem Zeitpunkt beschäftigte Schering weltweit 25 000 Mitarbeiter. Das in Adlershof liegende Werk war unter dem Namen Berlin Chemie in der DDR verstaatlicht worden, wurde 1992 von einem italienischen Pharmakonzern übernommen und produziert bis heute unter diesem Namen Arzneimittel.

Die Apotheke an der Chausseestraße überlebte bis 1946 im Familienbesitz, das Gebäude wurde aber im Krieg stark beschädigt. Der damalige Eigentümer verließ Ost-Berlin und ging nach Lübeck, wo die Blücher-Schering GmbH & Co. KG bis heute unter anderem medizinische Pepsinweine und Gallseife herstellt. Sie hat noch ein besonders lukratives Privileg: Sie füllt den Lübecker Rotspon ab, französische Rotweine, die nur in der Hansestadt gelagert und abgefüllt werden dürfen. Blücher-Schering verfügt über die einzige dafür zugelassene Anlage.

In der Chausseestraße existierte bis nach dem Mauerfall auf dem Gelände der einstigen Grünen Apotheke an der Ecke Zinnowitzer Straße eine Niederlassung der Deutschen Handelszentrale Chemie für Laborchemikalien. Dieses Gebäude ist in den 2000er-Jahren ebenso durch Neubauten ersetzt worden wie die Ruine des Apothekenhauses an der Ecke Invalidenstraße. Dort hat der Stromversorger Vattenfall ein modernes Geschäftshaus für seine Berliner Niederlassung errichtet. Die Fassade zur Chausseestraße wird von Zeit zu Zeit für großflächige Bildprojektionen genutzt – auf diese Weise ist auch Scherings Apothekenhaus schon einmal wieder erschienen.

So viel Zerstörung, Abriss und Neubau der Straßenzug auch erfahren hat – ein Detail ist erhalten geblieben: die Wasserpumpe an der Zinnowitzer Straße. Wie durch ein Wunder hat sie alle Umbrüche der letzten 130 Jahre überstanden und ist auf vielen über die Jahrzehnte entstandenen Fotos vor Scherings Apotheke zu sehen. Sie gehört zu den letzten original erhaltenen Eisengusspumpen in Berlin. Diese spielten im Straßenbild eine wesentliche Rolle, bevor seit dem letzten Drittel des 19. Jahrhunderts nach und nach Wasser in die Häuser gelegt wurde. Das Modell in der Zinnowitzer Straße ist wie eine Säule gestaltet, der Wasserauslauf hat die Form eines Fischkopfes. Die Pumpe wurde um 1890 von Regierungsbaumeister Otto Stahn entworfen, vermutet man im Landesdenkmalamt, unter dessen Schutz sie nun steht. Hergestellt wurde sie in der Kunst- und Glockengießerei Lauchhammer, die heute noch besteht. Der Name Grüne Apotheke lebt unterdessen auch weiter – in Berlin führen allein drei Apotheken diesen Titel.

Einmal quer über die Chausseestraße findet sich in der Nummer 117 ein Ort, durch den seit mehr als 100 Jahren immer wieder neuer Gründergeist wehte. Die Aktiengesellschaft für Automobilunternehmungen ließ dort 1913/14 ein Wohn- und Geschäftshaus mit zwei geschlossenen Höfen errichten, das mit seiner neoklassizistischen Fassade bis heute den Straßenraum prägt. Am Attikageschoss thronen vier Figuren, von denen die äußerste linke den Sinn der Bauherren für Humor beweist: Sie hält ein Auto auf dem Schoß. Denn im Hof entstand die erste Berliner Hochgarage, was wiederum auf Gründer mit Zukunftsfantasie schließen lässt – nämlich die Vorstellung, dass der Autoverkehr binnen weniger Jahre zu einem Massenphänomen mit einhergehenden Parkplatznöten werden würde. Während die 15 Jahre später errichteten Kant-Garagen in Charlottenburg den Ruhm der ältesten erhaltenen Etagen-Autounterkunft für sich in Anspruch nehmen können, stand hier die Geburtsstätte des Parkhauses. Das Landesdenkmalamt verweist daher auf den besonderen stadt- und verkehrsgeschichtlichen Stellenwert des Komplexes. Bei der jüngsten Renovierung des zweiten Hofgebäudes vor dem Einzug des schwedischen Zahlungsdienstleisters Klarna 2020 wurde ein letzter Hinweis auf die Garage freigelegt: der Schriftzug »Achtung Kraftwagenführer: Motor ausschalten« auf einem Deckenträger in der ersten Etage. Anschließend wurde der Träger verschalt, sodass die Inschrift nicht mehr sichtbar ist.

Klarna reiht sich in die Tradition der hier über die Jahrzehnte ansässigen innovativen Firmen übrigens bestens ein. Der 2005 entstandene schwedische Finanzdienstleister zählte mit seinem Konzept zur Abwicklung von Online-Käufen bereits fünf Jahre später zu den 100 vielversprechendsten jungen Tech-Unternehmen weltweit und hat seither eine bedeutende Marktstellung im Bereich Finanzdienstleistungen erreicht. Seit 2013 ist Klarna in Deutschland aktiv. Die 2020 bezogene Niederlassung in der Chausseestraße mit 500 Mitarbeitern ist die größte nach der Zentrale in Stockholm. Als

Grund für die Wahl dieses Standorts nennt Firmensprecher David Zahn das Umfeld – er spricht tatsächlich von der Silicon Allee – mitten in einem aufstrebenden, zentralen Stadtviertel. Entscheidend sei aber vor allem die gute Anbindung mit der U-Bahn vor der Tür und der S-Bahn in fußläufiger Entfernung gewesen.

Der Untergang der Titanic – im Hinterhof verfilmt

Viele Jahrzehnte zuvor beherbergten die Höfe der Chausseestraße 117 ein Hightech-Unternehmen ganz anderer Art. Seit dem Jahr 1930, vor allem aber während des Zweiten Weltkriegs, baute hier die Firma Konski & Krüger (K&K) die legendäre Chiffriermaschine Enigma, mit der vor allem die Wehrmacht ihre geheime Kommunikation abwickelte. Insgesamt wurden etwa 40 000 dieser Maschinen hergestellt, das wichtigste Fertigungswerk war K&K in der Chausseestraße. Im vierten Stock des zweiten Hofgebäudes gab es einen besonders gesicherten Bereich, in dem die Verdrahtung der Enigma-Walzen sowie die Endkontrollen vorgenommen wurden. Nur eine kleine Zahl besonders vertrauenswürdiger Experten hatte Zutritt. Die Firmenleitung und ihre Auftraggeber fürchteten Sabotage der kriegswichtigen Geräte. Vielen Mitarbeitern blieb die Einberufung an die Front erspart, weil sie als unverzichtbar für die Produktion galten. Während sich die Herstellung der Enigma also mehr oder weniger im Verborgenen zutrug, war Konski & Krüger in den 1920er- und frühen 1930er-Jahren ein bekanntes Unternehmen der jungen Radiobranche gewesen. Es hatte vor allem einen guten Namen wegen seiner Lautsprechersysteme, die nach Einführung des Tonfilms auch für Kinobeschallungsanlagen eingesetzt wurden.

Apropos Film: Kreativer Aufbruchsgeist herrschte Anfang des 20. Jahrhunderts auch wenige Häuser weiter in den Höfen des prächtigen Wohn- und Geschäftshauses Chausseestraße 123 mit seiner roten Sandsteinfassade und den schmiedeeisernen Jugendstilelementen. Die Deutsche Bioscope GmbH, eine der ersten deutschen Filmproduktionsfirmen, bezog 1907 ein Fotoatelier mit gläsernem Dach in der obersten Etage des Hofgebäudes. Für die Filmproduktionen wurde das Atelier auf 132 Quadratmeter vergrößert. Unter der Leitung des Filmpioniers und Kameramanns Guido Seeber entstanden hier der Spielfilm *Schuld und Sühne* mit Henny Porten und acht Filme mit der legendären Asta Nielsen. Als Bioscope 1911 nach Babelsberg zog und dort die Keimzelle der 1917 gegründeten Universum-Film AG (Ufa) wurde, übernahm die neu gegründete Continental-Kunstfilm GmbH das Studio und produzierte Mitte 1912, nur wenige Wochen nach dem Untergang der Titanic, unter dem Titel *In Nacht und Eis* den ersten Spielfilm über die Schiffskatastrophe. Die Wasseraufnahmen entstanden auf dem Krüpelsee bei Königs Wusterhausen. Für die Darstellung der Innenszenen errichtete man im Hinterhof der Chausseestraße auf einer Kippbühne schwankende Kulissen, um den Wellengang auf See und Erschütterungen unter Deck zu simulieren.

Und so berichtete ein Reporter des *Berliner Tagblattes* am 8. Juni 1912 über die Dreharbeiten: »Aus den Fenstern der Hinterzimmer sehen, halb neugierig, halb ängstlich, die Mitbewohner auf das seltsame Treiben da unten. Also ein ›Aufbau‹ wie auf jeder Bühne, nur plein air. Auf die Leinwand ist die Dekoration des Kesselraums gemalt, wirkliche Manometer und wirkliche Luken, durch die dann Dampf und Feuer kommen wird (…) Wirkliche Kohlen werden zugeschaufelt und starke Männer stehen rechts und links von der mit Segeltuch überdeckten Szene, an Riesenfässer gelehnt, aus denen Sturzwellen fließen werden. Ein paar halbnackte Gesellen, berußt, naß, mit wirrem Haar, warten auf das Zeichen des Regisseurs, um die Verzweiflungs-Botschaften des Kapitäns zu vernehmen, der, mit angeklebtem weißem Spitzbart natürlich, im marineblauen Rock inzwischen noch mit den Kurbelmännern an den kinematographischen Apparaten berät. Dann geht's an. Durch eine nicht allzu komplizierte mechanische Vorrichtung wird die ganze Bühne ins Schaukeln gebracht. (...) Die Komödianten waten über die nasse Leinwand, wälzen sich in den Kohlen, taumeln und fallen in den Maschinenraum, der Kapitän schreit und reißt mit verzweifelten Gebärden an einem Heizer herum, der im Wasser schwimmt. (...) Ein paar Augenblicke war's wirklich sehr aufregend. Jetzt wird abgebaut. Der Briefträger geht durch den Chausseestraßenhof, über den die Wellen der ›Titanic‹ eben in den Abflußkanal strömen.«

Bis in die Zeit des Zweiten Weltkriegs nutzten diverse Filmproduktionen das Studio. Auch der junge Ernst Lubitsch drehte in der Chausseestraße, wiederum mit Asta Nielsen.

Auch ein Wissenschaftscampus

Um die Geschichte der frühen Start-ups an der Chausseestraße abzurunden, sei erwähnt, dass in den 1930er-Jahren auch die Betriebskrankenkasse der AEG in der Nummer 123 residierte. Ihr Gründer Emil Rathenau war nicht nur ein genialer Unternehmer, sondern auch ein Sozialreformer, der um die Jahrhundertwende eine eigene Krankenkasse für seine Mitarbeiter gründete. Zu DDR-Zeiten hatte hier die Konzert- und Gastspieldirektion Berlin ihren Sitz. Und über die »Wende« hinaus existierte bis 2007 im rechten Ladengeschäft die Akademische Buchhandlung Paul Schober. Außerdem hatte in dem damals noch landeseigenen Gebäude der Museumspädagogische Dienst Berlin seinen Sitz.

Heute knüpfen zwei Unternehmen der Medienbranche an die filmische Tradition des Hauses an, das unter dem Namen Asta-Nielsen-Höfe vermarktet wird. Im Vorderhaus arbeitet eine Werbefilmproduktion, die im Schaufenster zur Straße Utensilien der Spielfilmproduktion präsentiert: Auf zwei Regiestühlen sind eine Filmklappe und das Leuchtzeichen »On Air« platziert. Im Hinterhaus geht eine große Online-Werbeagentur ihren Geschäften nach. Eine schmale Holztreppe führt ins oberste Geschoss und öffnet sich in den großzügigen einstigen Studioraum, der durch die vielen Fenster noch immer lichtdurchflutet wirkt, obwohl das Glasdach geschlossen wurde. Die heute weiß gestrichenen Holzbalken, auf denen das Dach ruht, gehören wohl noch zur Originalsubstanz, vermutet Georg Stauffenberg. Der Unternehmer hat das Gebäude 2002 vom Land Berlin erworben und zeigt stolz, wie behutsam seine Projektgesellschaft bei der Sanierung vorgegangen ist.

Das 1896 von dem Zimmermeister Carl Galuschki errichtete Gebäude überstand den Weltkrieg weitgehend unbeschädigt. Es bildet mit den Häusern Chausseestraße 124 und 125, dem Brecht-Haus, ein geschlossenes denkmalgeschütztes Ensemble. Sehenswert sind neben der Fassade vor allem die Höfe mit ihren farbig glasierten Klinkern und Ornamentbändern, für die der Bauherr bekannt war. Dort sind zum Teil die ursprünglichen Fliesenböden erhalten. Das noch ältere benachbarte Wohnhaus (124) gehört zum Komplex und verfügt über ein zwar im Verhältnis enges, aber künstlerisch bezaubernd gestaltetes Treppenhaus. Bei der Sanierung wurden stellenweise die handgemalten floralen Elemente freigelegt, die zu DDR-Zeiten überstrichen, aber nicht zerstört worden waren. Im reichen Stuck des Treppenhauses finden sich die Initialen des Bauherrn Carl Galuschki und die Insignien seiner Handwerkerzunft: Hammer, Maßstab und Maurerkelle.

Start-ups gedeihen heute besonders gut in einem Umfeld mit kurzen Wegen zu Einrichtungen der Forschung, Wissenschaft und Lehre. Im Idealfall entstehen auch daraus neue Ideen und Projekte. Die Chausseestraße hat in dieser Hinsicht mehr zu bieten als das bereits erwähnte Institut für Asien- und Afrikawissenschaften der

Humboldt-Universität. Die nordwestliche Ecke der Kreuzung Invalidenstraße beherrscht ein für die Chausseestraße architektonisch ungewöhnliches Gebäude, seit 2011 Sitz der Leibniz-Gemeinschaft. Sie verbindet fast 100 eigenständige Forschungseinrichtungen der Natur- und Sozialwissenschaften in ganz Deutschland. Das markante Haus Chausseestraße 111–113 beherbergte vor dem Krieg eines der ersten Kaufhäuser von Clemens und August Brenninkmeyer (C&A). Die Industrie- und Handelskammer der DDR beauftragte 1954 den Architekten Johannes Pässler mit einem Neubau anstelle des im Krieg zerstörten Gebäudes. Dieser steht unter Denkmalschutz und wird auf der Website des Landesdenkmalamtes so beschrieben: »Die beiden Flügel an der Invaliden- und der Chausseestraße schließen einen die Straßenecke betonenden Turmbau aus rotem Sandstein ein, wobei sich die Baukörper zu durchdringen scheinen. Die strenge Gliederung des Gebäudes wird unterstützt durch die Materialfarbe der Fassadenbekleidung aus rotem Rochlitzer Porphyrtuffstein für Arkaden und Turm und weißgrauen Elbsandsteinplatten für die Kuben an den beiden Straßen.«

Das Gebäude ist nach dem Urteil der Denkmalschützer ein herausragendes Beispiel für die Architektur der Nationalen Tradition, die in den 1950er-Jahren in Anlehnung an die stalinistische Architektur der Sowjetunion von den Architekten in der DDR gefordert wurde. Danach sollte sich der neue sozialistische Geist in einer traditionellen architektonischen Umgebung entfalten. In Berlin wurden klassizistische Vorbilder gewählt. »Die Ausstattung im Innern ist weniger konservativ und historisierend, sondern entspricht einer modernen Formensprache der 1950er-Jahre, die besonders in der transparenten Gestaltung des Treppenhauses zum Ausdruck kommt«, stellen die Experten abschließend fest.

Die Leibniz-Gemeinschaft hebt in der Darstellung ihres Sitzes mit Blick auf die ebenfalls denkmalgeschützte Innenausstattung die Einbauschränke aus Edelholz hervor. Es war eine Zeit, als man in

Das ehemalige IHK-Gebäude an der Chaussee-, Ecke Invalidenstraße im Jahr 2003. Im Vordergrund ein Eingang zum U-Bahnhof Zinnowitzer Straße (seit Ende 2009 Naturkundemuseum); die Straßenbahn fuhr noch nicht auf der Invalidenstraße in Richtung Hauptbahnhof, sondern die Chausseestraße entlang.

der DDR anspruchsvolle Architektur mit wertvollen Materialien pflegte.

Gleich gegenüber befindet sich ein deutlich weniger ansehnliches Beispiel der DDR-Architektur späterer Jahre, ein vernachlässigter Plattenbau aus den 1970er-Jahren, der aber auch der Wissenschaft und Forschung dient. Das fünfstöckige, heute schmutzig-graue Eckhaus wurde für die Fachbereiche Physik und Elektronik der Humboldt-Universität errichtet, die 2003 nach Adlershof umzogen. Heute beherbergt es mehrere Institute der Humboldt-Universität. In dem von einer Pizzeria nebenan genutzten Garten findet sich noch eine Erinnerung an die Physiker: Eine geschwungene Gedenkmauer trägt die Namen bedeutender Naturwissenschaftler, die an der Universität tätig waren. Andere nahe gelegene Einrichtungen wie das Naturkundemuseum, weitere Institute der Humboldt-Universität an der Invalidenstraße und die Hochschule für Schauspielkunst Ernst Busch tragen dazu bei, dass die Chausseestraße mit ihrer Umgebung auch eine Art Wissenschaftscampus bildet. Die dort Arbeitenden und Studierenden sind Teil der bunt gemischten Gesellschaft der Straße.

12
»IN BESTER LAGE ...«
Wie die Chausseestraße sich verändert hat

Mit einem Besuch in Werner Jacobs Werkstatt beginnt eine kleine Zeitreise. Viel hat sich hier nicht verändert seit dem Mauerfall, wahrscheinlich nicht einmal seit 1955, als sein Vater in der Habersaathstraße 32, wenige Schritte von der Chausseestraße entfernt, seine Korbmacherwerkstatt einrichtete. Werner Jacob ist auch Korbmacher, in dritter Generation. Das kleine Unternehmen hat seit den 1920er-Jahren vier Gesellschaftssysteme überlebt und gehört zu den ältesten noch aktiven Berliner Handwerksbetrieben in Familienbesitz. Werner Jacob ist 1954 geboren und hier praktisch aufgewachsen. Das Geschäft und sein heutiger Inhaber gehören zu den an der Chausseestraße kaum noch zu findenden Zeit- und Augenzeugen der vergangenen Jahrzehnte.

Von außen sieht das Haus propper aus, es ist ein Gründerzeitbau in gutem Zustand. Das Firmenschild neben der Ladentür passt dazu, dezent grün-weiß mit stilisiertem Korbgeflecht und der Aufschrift: Korb-Jacob – Stuhlgeflecht-Erneuerung. Drinnen herrscht dann eher eine etwas düstere und staubige Atmosphäre. Hier ist schon lange nicht mehr renoviert worden, die Zeit scheint innezuhalten. Einige Korbstühle mit reparaturbedürftigem Geflecht stehen herum, andere sind in der Ecke gestapelt. An einem Kleiderständer hängt ein Bund Weidenruten, ein Foto an der Wand zeigt das erste Geschäft der Jacobs in Friedrichshain.

Werner Jacob bittet den Gast an einen alten Arbeitstisch. Er erzählt gern und detailliert und holt Fotoalben mit Beispielen von Arbeiten, die sein Vater für Theater- und Fernsehproduktionen in der DDR gefertigt hat. Der Stolz auf das Handwerk prägt seine Erinnerung, aber auch die Enttäuschung über manche Niederlage nach dem Mauerfall, als das Leben freier wurde, aber auch unübersichtlich, unsicher und oft auch unfair für einen in der Marktwirtschaft noch fremden Handwerker. Das ging schon eine Woche, nachdem die Mauer durchlässig geworden war, los, erzählt Jacob. Seine Geschichte klingt wie aus einem Kinofilm. Das 1890 erbaute Haus gehörte einer Familie aus Westdeutschland, es wurde nach dem Mauerbau unter Zwangsverwaltung gestellt. Mitte November 1989 sei dann ein dicker Mercedes mit West-Berliner Nummernschild vorgefahren, damals noch ein Ereignis in dieser Gegend nahe der Mauer, in der bis dahin die Ost-Berliner Welt zu Ende war. Dem Auto entstieg ein stattlicher Mann mit Zigarre zwischen den Lippen. Er musterte das Haus und betrat dann die Werkstatt – mit brennender Zigarre. »Da habe ich gerufen: ›Egal, was Sie wollen, die Zigarre bleibt draußen!‹« Der Mann habe rumgepöbelt, »da habe ich schnell zugegriffen, mir die Zigarre geschnappt, Tür auf, und raus damit.«

Der Besucher war perplex und stellte sich nun doch erst einmal vor. Rechtsanwalt Soundso aus West-Berlin, im Auftrag der Hauseigentümer. Sein Anliegen: Die Miete könne nicht bei 38,50 Mark im Monat bleiben, ab sofort betrage sie 800 Mark, das sei ortsüblich. Das war ein Schock für Werner Jacob. Aber die alte Hausverwalterin beruhigte ihn. Die eigentlichen Hausbesitzer, ein Lehrerehepaar aus Hagen, seien gar nicht so. Sie erschienen dann auch bald zu einer Mieterversammlung und versicherten den Bewohnern, dass sie nichts Böses mit ihnen und dem Haus vorhätten. Das stimmte, wie sich herausstellte, und das ist eine der wenigen positiven Erfahrungen Werner Jacobs mit der neuen Zeit. Das Haus gehört noch immer der westdeutschen Familie, und über die Miete haben sie sich bislang stets geeinigt. Trotzdem musste er in den Jahren nach der Wende oft um seine wirtschaftliche Existenz kämpfen, irgendwie ist es dann doch immer weitergegangen.

Werner Jacob hat den Niedergang der Gegend und die folgende Goldgräberstimmung an der Chausseestraße miterlebt. Wie immer mehr Läden aus DDR-Zeiten schließen mussten und lange leer standen. Wie an dem Neubau auf einem Trümmergrundstück gleich gegenüber nacheinander mehrere Investoren aus Hamburg scheiterten; irgendwann fuhren nachts Transporter mit polnischen Kennzeichen vor, und Handwerker bauten Heizkörper und Badewannen wieder aus, um wenigstens die aus dem Pleitebau zu retten. Dann wurde das Stadion der Weltjugend abgerissen, und die Zeit der Sandwüste begann, bis schließlich der riesige Neubau des Bundesnachrichtendienstes entstand. Wenn Werner Jacob vor seine Tür tritt, kann er beobachten, wie künftige Agenten im Ausbildungszentrum des BND schräg gegenüber ein und aus gehen, selbstverständlich ganz unauffällig. Er blickt mit gemischten Gefühlen in die Zukunft, aber auch mit einer gewissen Gelassenheit. Bald wird er 68 und ihm ist klar, dass er noch lange wird arbeiten müssen, seine Rente ist schmal. Krank werden darf er nicht. Ob sein Sohn das Geschäft übernehmen und noch eine Generation weiterführen wird, ist unsicher. Aber Werner Jacob will sich nicht unterkriegen lassen. »Ich denke positiv. Muss ich ja wohl, sonst hätte ich längst aufgegeben.« Und unter all den wohlhabenden Menschen in den schönen neuen Wohnungen an der Chausseestraße müsste es doch auch neue Kunden geben, mit Geschmack, teuren antiken Korbmöbeln und genug Geld, um sie auch einmal aufarbeiten zu lassen.

Derweil ist Werner Jacob seit Jahren Zeuge eines Häuserkampfs in seiner Straße, der exemplarisch für die Fehlentwicklungen auf dem Immobilienmarkt Berlins steht. Es geht um den weitgehend leerstehenden fünfstöckigen Block an der Habersaathstraße 40 bis 48, nur wenige Schritte von seiner Werkstatt entfernt. Der Plattenbau vom Typ WBS 70 wurde 1984 für Krankenschwestern der Charité errichtet. Wegen seiner damals bunt gekachelten Fassade erhielt er den Beinamen Papageienhaus. Davon ist heute, nach einer Sanierung mit energiesparenden Dämmplatten, nichts mehr zu sehen. Das Gebäude ist seit Jahren ein Politikum, ein Überbleibsel eigentlich bezahlbaren Wohnraums in einer der inzwischen teuersten Gegenden der Hauptstadt.

Der damalige Finanzsenator Thilo Sarrazin (SPD) verkaufte die 106 kleinen Wohnungen mit einer Grundfläche von insgesamt 5100 Quadratmetern 2006 aus städtischer Hand für zwei Millionen Euro an private Investoren. Diese steckten einiges Geld in die Sanierung und verkauften das schon teilweise leerstehende Gebäude zehn Jahre später für den zehnfachen Preis an ein Immobilienunternehmen namens Arcadia Estates.

Der neue Investor beantragte 2018 zunächst eine Baugenehmigung für Luxussanierungen samt Tiefgarage, dann die Erlaubnis zum Abriss des Plattenbaus. Allen verbliebenen Mietern wurde gekündigt. Bewohner, die sich weigerten auszuziehen, erhielten Abfindungsangebote, es gab auch Berichte über Schikanen und Einschüchterungsversuche. Eine Gruppe von Mietern, die nicht weichen wollten, erklärte das Haus dann für besetzt. Transparente an der Fassade kündeten von ihrem Widerstand.

Das Bezirksamt Mitte verweigerte die Abrissgenehmigung, wogegen der Investor klagte – vergeblich. Zwischenzeitlich betrieb er in leerstehenden Wohnungen ein Hostel, was ihm diverse Zweckentfremdungsverfahren eintrug. Es folgten Verhandlungen über einen Vergleich, in denen der Eigentümer versprach, in einem Neubau Wohnungen zu günstigen Mieten für die verbliebenen etwa ein Dutzend Bewohner bereitzustellen. Der Vergleich scheiterte

Anfang 2021 am Veto der Bezirksverordnetenversammlung, die nun eine Rekommunalisierung des Gebäudes anstrebte. Die Wohnungen könnten dann wieder vorrangig und kostengünstig an Mitarbeiter und Mitarbeiterinnen von Charité und Bundeswehrkrankenhaus vermietet werden. Die haben inzwischen große Probleme, hier in Mitte bezahlbare Wohnungen zu finden, und müssen oft lange Wege in die Außenbezirke in Kauf nehmen.

Der Fall des Papageienhauses erinnert an den Ablauf mancher Immobilienprojekte an der Chausseestraße (und in anderen Stadtvierteln) seit den 2000er-Jahren, die oft allein dem Profitinteresse der Investoren dienten und teure Luxuswohnungen zum Ergebnis hatten. Der Unterschied ist, dass sich durch den eklatanten Wohnungsmangel und die explodierenden Preise ein stärkeres öffentliches Bewusstsein für die Bedeutung des Immobilienmarktes entwickelt hat. Nun zeigt sich mehr Widerstand gegen solche Projekte. Einige Innenstadtbezirke erklären gewachsene Kieze zu Milieuschutzgebieten und nutzen die Möglichkeit des Vorkaufsrechts, um Mietshäuser der Spekulation zu entziehen und die Viertel vor einer übermäßigen Gentrifizierung zu schützen. Außerdem hat der Senat 2021 eine neue Verordnung erlassen, die die Umwandlung von Miet- in Eigentumswohnungen deutlich erschwert. Auf diese Weise hatte der Berliner Mietmarkt Jahr für Jahr tausende Wohnungen verloren, allein 2020 waren es fast 20 000. Im Dezember 2021 nahm die Geschichte des Papageienhauses noch einmal eine neue Wendung. Eine Obdachloseninitiative besetzte mehrere Wohnungen. Das Bezirksamt tolerierte dies als »temporäre Lösung« mit Zustimmung des Hauseigentümers, wie Bezirksbürgermeister Stephan von Dassel (Bündnis 90/Die Grünen) sagte. Insgesamt kamen hier 60 Wohnungslose vorläufig unter. Doch am Ende werden wohl Gerichte entscheiden, was aus dem Haus wird.

Das Schicksal eines anderen leerstehenden Hauses an Chausseestraße ist hingegen längst besiegelt. Der Altbau mit der Hausnummer 32, direkt neben dem Hotel Titanic, wartet seit 2018 auf den Abriss. Dort wohnten die Mieter, die von dem langwierigen Konflikt um die Beseitigung der Tiefbunker auf dem Titanic-Grundstück besonders betroffen waren.

Viele suchten damals schon das Weite, darunter der frühere Bundesfinanzminister Hans Eichel. In den leerstehenden Wohnungen seien dann wechselnde Arbeiter aus der Ukraine untergebracht gewesen, die auf der benachbarten Baustelle eingesetzt worden seien, berichten ehemalige Mieter. So wurde das Leben in dem Haus für die Bewohner immer ungemütlicher. Nach einem großen Wasserschaden waren Teile des Hauses nicht mehr bewohnbar, dazu kamen erhebliche Bauschäden als Folge der Erschütterungen durch den Abbruch der Bunker. Am Ende stand das Haus leer und war nicht mehr reparabel.

All das spielte der österreichischen Immowert Immobiliengruppe in die Hände, die das Haus 2006 erworben hatte und die großzügigen Wohnungen ursprünglich nach und nach in sanierte Eigentumswohnungen umwandeln wollte, in der Regel ein langwieriger und konfliktreicher Weg – und dank der neuen Verordnung nicht mehr möglich. Doch nun steht Abriss und Neubau nichts mehr im Wege. Die Investoren werben bereits um Käufer. »In bester Lage in Berlin Mitte, gegenüber des Bundesnachrichtendienstes, plant die Immowert auf dem letzten verfügbaren Grundstück die Errichtung eines Wohn- und Geschäftshauses und zugehöriger Garage mit etwa 10 000 m² Nutzfläche«, hieß es Anfang 2022 auf ihrer Website.

Ein paar Schritte weiter, an der Chausseestraße 36, steht ein 1886 als Unterkunft für pensionierte preußische Offiziere errichtetes Gebäude, das auf den ersten Blick auch wie dem Abriss geweiht erscheint. Die über und über mit Graffiti beschmierte, vor längerer Zeit notdürftig ausgebesserte Putzfassade lässt diesen Eindruck entstehen. Aber das ist eine gewollte optische Täuschung. Hier scheint man das bei manchen Sanierungen geltende Prinzip »außen hui, innen pfui« umgedreht zu haben. Dem mit seiner Anonymität kokettierenden Eigentümer gehe es darum, »in der zunehmend blank polierten Gegend ein wenig von Berlins ruinösem Charme der Zeit nach dem Mauerfall zu erhalten«, schrieb die Kunstkritikerin Christiane Meixner im *Tagesspiegel*.

Blickfang an der Hausfront ist ein Stück Berliner Mauer, das über dem Eingangstor auf Höhe der ersten Etage quer zum Gebäude auf einem mit Stahlseilen montierten Podest ruht. Hinter der schäbigen Eingangstür öffnet sich dann eine ganz andere, überraschende Welt. Das Haus wurde innen denkmalgerecht, nachhaltigen Prinzipien folgend, saniert und ausgebaut. Ein prächtiges Treppenhaus, das gerade so renoviert wurde, dass sein scheinbar renovierungsbedürftiger Zustand aus DDR-Zeiten erhalten geblieben ist, führt zu herausragend gestalteten Ausstellungs- und Veranstaltungsräumen. Im Innenhof finden sich mit Galerie und Studio zwei exquisite Räume für die Präsentation von Kunst. Dazu kommen einige Apartments, die auf Zeit zu mieten sind.

Der hier ansässige Förderverein Fotografie und Kultur Chaussee 36 e.V. will mit Ausstellungen, Publikationen und Veranstaltungen dazu beitragen, »das Verständnis für die gesellschaftliche Relevanz von Kunst zu stärken«, wie er auf seiner Homepage erläutert. Im Mittelpunkt steht dabei die Auseinandersetzung mit Fotografie. Unter anderem verwaltet der Verein den Nachlass des Berliner Fotografen Heinz Hajek-Halke (1898–1983). Dazu kommt die Collection De Gambs mit einer Sammlung von Fotobüchern und Fotografien von Anfang des 20. Jahrhunderts bis heute. Werke aus den beiden Beständen werden regelmäßig in Ausstellungen präsentiert. Der Besitzer des Hauses, der all dies ermöglicht, will unbekannt bleiben. Er sei selbst ein begeisterter Sammler fotografischer Kunstwerke, heißt es über ihn nur.

So beachtlich das Engagement des Vereins für das kulturelle Leben in Berlin und in der Chausseestraße im Besonderen ist, so bedauerlich bleibt doch, dass es keinerlei Hinweise auf das Schicksal der einstigen jüdischen Bewohner des Hauses gibt. Mindestens vier Mitglieder der Familie Baruch, die bis Mitte der 1930er-Jahre eine Eisenwarenhandlung in der Chausseestraße 36 betrieb und darüber wohnte, sind in Konzentrationslagern ermordet worden. Vor und in ihrem Ladengeschäft serviert im Sommer 2021 eine Cafébar Frühstück und Drinks.

Während das Haus Chausseestraße 36 seine Schätze absichtlich unscheinbar beherbergt, trumpft ein paar Schritte weiter der Neubau an der Chausseestraße 43, Ecke Schwartzkopffstraße umso lauter auf. Das von Daniel Libeskind entworfene Sapphire soll ein architektonisches Ausrufezeichen setzen. Das Haus erinnert mit seinen diagonalen Fassadenelementen, schrägen und gekippten Fronten und spitzen Auskragungen eher an eine Skulptur als an ein Wohnhaus. Je nach Lichteinfall wechselt die glitzernde Keramikfassade mit Titaniumbeschichtung den Farbton und soll an einen geschliffenen Edelstein, einen Saphir, erinnern. 2016, zum Zeitpunkt der Vermarktung, gehörten die Wohnungen zu den teuersten auf dem Berliner Markt. Ein Penthouse mit 240 Quadratmetern Wohnfläche und einer 60 Quadratmeter großen Terrasse wurde damals für 17 600 Euro pro Quadratmeter verkauft, das macht gut 4,2 Millionen Euro. Ein paar Jahre später dürfte das für Wohnungen dieser Klasse schon wie ein Schnäppchenpreis geklungen haben. Unter den Käufern fanden sich ausgesprochene Libeskind-Fans, die unbedingt in einem Haus des weltberühmten Architekten wohnen wollten, ebenso wie Anleger aus aller Welt. Nur etwa 20 Prozent der neuen Eigentümer kamen aus Berlin.

Die Chausseestraße in Richtung Süden, links das Sapphire von Daniel Libeskind, Chausseestraße 43, rechts gegenüber der BND-Komplex, 2022

Der Bauherr und der Architekt sparen nicht mit großen Worten für das Objekt, das auf einer eigenen Website präsentiert wird. Holger Rausch, Geschäftsführer des Berliner Projektentwicklers Minerva, ist sich der heiklen Geschichte dieses Grundstücks bewusst. Er schlägt einen weiten historischen Bogen: »Das Grundstück in der Chausseestraße 43 befand sich vor dem Zweiten Weltkrieg in jüdischem Besitz«, teilt er in seinem Text mit. Die Eigentümer hätten Deutschland verlassen müssen und seien während des Holocaust ermordet worden.

Die Erben wünschten sich eine Bebauung, die das Vermächtnis ihrer Vorfahren ehre. »Mit Daniel Libeskind konnten wir einen der renommiertesten Architekten für uns gewinnen, der die städtebaulichen und architektonischen Herausforderungen aufgrund seiner jüdischen Wurzeln mit dem nötigen historischen Feingefühl bravourös gemeistert hat. Historisch betrachtet ist das Sapphire ein Brückenschlag zwischen Vergangenheit und Zukunft, zwischen Ost und West, zwischen Vergessen und Erinnerung, zwischen Licht und Schatten, zwischen Stillstand und Wandel, zwischen Architektur und Kunst.«

Ein Hinweis auf die Geschichte des Grundstücks und das Schicksal seiner einstigen Besitzer findet sich auch an diesem Gebäude nicht. Rausch verweist auf Libeskinds besondere Beziehung zu Berlin, hat dieser doch mit dem Jüdischen Museum bereits ein außerordentliches öffentliches Gebäude gestaltet. Der in New York lebende Architekt verfolge die Entwicklung Berlins, wo er einige Jahre wohnte und arbeitete, sehr genau.

Libeskind habe das Sapphire, sein erstes Wohnhaus in Berlin, wie er auf der Website zitiert wird, so genannt, »weil es zur Stadt und zu ihren Menschen passt. Ein Saphir ist im Rohzustand rau, hart, schroff und widerstandsfähig. Erst in geschliffenem Zustand entwickelt er seine Schönheit und seinen Facettenreichtum. All das spiegelt Berlin und die Berliner selbst wider. Architektur darf nicht nur Prosa sein, sie muss vor allem voller Poesie sein und die Menschen berühren.«

In einem Interview der Zeitung *Die Welt* vom 28. Oktober 2015 bemühte sich Libeskind um eine bodenständige Interpretation: »An dem Haus ist nichts Intellektuelles. Es ist ein normales Wohngebäude mit Fenstern und Wänden. (…) Architektur ist eine soziale Kunst, man baut Gebäude, damit Menschen darin leben können. Und ich glaube, dies ist ein Gebäude für interessante Menschen in einer wachsenden Stadt, mit neuen Ideen.«

Ein wenig naiv wirkt Libeskinds Antwort auf den Hinweis, dass sich nur wenige Menschen solche Wohnungen leisten könnten. »Ich bestimme nicht die Marktpreise. Warum Wohnungen in einer Stadt wie Berlin so teuer sind, müssen Sie die Projektentwickler fragen.

Ich selbst bin für bezahlbares Wohnen.« Sehr genau beschreibt er dann den Gentrifizierungsprozess, der in Berlin in den vergangenen Jahren ein immer höheres Tempo entwickelt hat und für den die Chausseestraße exemplarisch steht. »So war es auch in den New Yorker Stadteilen Tribeca, Soho oder in Brooklyn. Dort sind die Leute irgendwann hingezogen und können heute ihre Apartments für ein Vielfaches des Ursprungspreises verkaufen. Am Anfang leben in diesen Vierteln oft sozial schwache Familien. Dann kommen Künstler oder Randgruppen, die das Viertel beleben. Dann kommen andere und stellen fest, dass man in dieser Gegend doch ganz gut leben kann, und die Preise steigen.«

Inzwischen hat der Immobilienwahnsinn in Berlin – wie in anderen Metropolen – die nächste Stufe erreicht: Wohnungen werden gar nicht mehr mit dem Ziel erworben, sie dauerhaft zu vermieten. Der Wiederverkaufswert für Investoren aus Asien liegt höher, wenn sie leer stehen und nicht von Mietern mit irgendwelchen deutschen Verträgen und ihren Schutzklauseln blockiert werden. Allenfalls kurzfristige und lukrative Airbnb-Nutzer sind da willkommen. Solche Fälle gibt es auch an der Chausseestraße – und im Sapphire. So richtig legal ist das alles nicht, aber die überforderten Berliner Verwaltungen lassen vieles einfach geschehen.

Doch ist das wie ein Naturgesetz, das nicht zu beeinflussen ist? »Natürlich ist die Stadt ein soziales Produkt«, stellt Stararchitekt Libeskind fest. »Menschen sollten beteiligt werden, und die Stadtplaner müssen dafür sorgen, dass jeder Zugang zu einem Leben in vernünftiger Umgebung hat.« Man kann den Kampf um das Papageienhaus wenige Hundert Meter vom Sapphire entfernt als Versuch verstehen, genau dies gegen die Interessen der Immobilienspekulanten durchzusetzen.

Ein positives Beispiel gegen Spekulation

Ganz in der Nähe gibt es immerhin ein Beispiel, wie es engagierten Mietern nach dem Mauerfall gelungen ist, einen besonderen historischen Moment zu ihren Gunsten zu nutzen. Es handelt sich um die Wohnanlage Wöhlertgarten, ein Ensemble aus elf 1913 fertiggestellten Mietshäusern an der Wöhlert-, Ecke Pflugstraße. Während der Teilung Berlins lagen sie direkt am Grenzstreifen. Als die aus dem VEB Kommunale Wohnungsverwaltung entstandene Wohnungsbaugesellschaft Mitte den Wöhlertgarten Ende der 1990er-Jahre verkaufen wollte, missachtete sie zunächst das im Einigungsvertrag gesetzlich verankerte Vorkaufsrecht der Mieter. Das setzten diese durch, schlossen sich zu einer Genossenschaft zusammen und übernahmen die Häuser in Eigenregie.

Dank Fördermitteln und weitgehend günstiger Kredite konnten die Gebäude, die in desolatem baulichem Zustand waren, denkmalgerecht saniert werden. Finanzielle Probleme der Anfangsjahre überwand die Genossenschaft mit Hilfe von Banken und Senat, sodass sie sich heute auf ihrer Homepage als solide geführte Eigentümergemeinschaft mit einem lebendigen Sozialleben präsentiert. Ein Beispiel, wie es auch in größerem Maßstab hätte gehen können.

Der Schriftsteller Peter Weiss wohnte als Jugendlicher Anfang der 1930er-Jahre mit seiner Familie in der Pflugstraße. Eine Passage aus seinem Roman *Die Ästhetik des Widerstands* gibt einen Eindruck vom Wöhlertgarten in dieser Zeit: »Die Fassade, mit ihren eingelassnen Balkons, ihren breitgeschwungenen Stuckverzierungen, hob sich von den übrigen Mietskasernen ab. Hier wohnten Polizisten mit ihren Familien, zumeist mittlere Beamte, die ihre Dienststelle in den Kanzleien und Kasernen an der Chausseestraße hatten. Das Haus schloß unsre Straße am Winkel zur Wöhlertstraße ab. Nach den grünen Uniformen seiner Bewohner Maikäferhaus genannt, gab es uns, sagte mein Vater, Sicherheit, denn niemand kam auf den

Gedanken, daß in unmittelbarer Nähe solcher Bewachung Genossen ein und ausgehn und sich nach Dreiunddreißig hier oft wochenlang verstecken würden.«

Auf der Grenze zwischen Bürgertum und Proletariat

Puristen empfinden die beiden Schilder mit dem blauen E auf gelbem Grund, die an der schimmernden Fassade des Libeskind-Baus montiert sind, möglicherweise als Stilbruch. Sie stellen aber auch eine Verbindung zwischen dem von manchen als elitär empfundenen Bauwerk und dem Alltagsleben dar. Denn im Erdgeschoss bietet ein Edeka-Laden seine Waren an, und hier kaufen gewiss nicht nur die Bewohner der Luxuswohnungen darüber ein. Allerdings sind diese 800 Quadratmeter Verkaufsfläche doch etwas anderes als der normale Edeka an der Ecke. Das Geschäft wird direkt von der größten Edeka-Regionalgesellschaft geführt, die laut *Lebensmittel Zeitung* allein eine Million Euro in die Gestaltung investiert hat. Das Sortiment ist dem Umfeld angepasst, es gibt sehr viele vegetarische und vegane Produkte. »Das kommt hier im Berliner Szeneviertel Mitte besonders gut an«, sagte der Marktleiter dem Fachblatt. Mehrere gekühlte Champagnersorten gibt es wahrscheinlich nicht in vielen Edeka-Geschäften, aber ein Prosecco für 2,99 Euro steht auch im Kühlregal.

Das wird seine Gründe haben. Wenn man aus dem angeschlossenen Schnellcafé über die Schwartzkopffstraße nach Norden schaut, fällt der Blick auf schlichte, aber gepflegte vier- und fünfstöckige Mietshäuser, die sich bis zur Pflugstraße, parallel zur Chausseestraße, hinziehen. Die locker bebaute Siedlung aus den 1960er-Jahren mit viel Grün gehört zum Teil der Wohnungsbaugenossenschaft Berolina, das gibt es also auch noch an der Chausseestraße. Wiederum ein Beispiel für die besondere Berliner Mischung, die seit jeher der Motor war, von dem der Aufstieg der Stadt angetrieben wurde. Eine Vielfalt unterschiedlicher Lebensformen, in der Menschen aus verschiedenen sozialen und kulturellen Schichten zusammenleben, arbeiten, wohnen, sich vergnügen. Vor 180 Jahren, als die Chausseestraße sich aus einer vorstädtischen in eine großstädtische Straße zu wandeln begann, konnte man diese Mischung auch schon sehen.

Damals entstanden vor dem Oranienburger Tor die Maschinenbaufabriken von Borsig, Wöhlert, Schwarzkopff und Co. an der Chausseestraße. Und diese ließen sich dort auch ihre Villen bauen. »Dieser frühe Reichtum wurde gleich neben der Fabrik zur Schau gestellt«, sagt der Historiker Hanno Hochmuth im Interview mit der *taz*. »Das waren ja neureiche Männer, keine reichen Erben, sondern einfache Handwerksmeister.« Anders als beispielsweise in Hamburg mit seinen alteingessenen reichen Bürgerfamilien habe Abstammung in der Berliner Wirtschaft kaum eine Rolle gespielt. »Berlin war schon immer, spätestens aber seit dem 19. Jahrhundert, eine Stadt der Newcomer.« Die wohnten nun ebenso in der Chausseestraße wie die Arbeiter, deren Mietskasernen nicht weit entfernt standen. Östlich der Chausseestraße, dem Feuerland, schloss sich das sogenannte Vogtland an, wo die noch ärmeren, ungebildeten Arbeiter und ihre Familie lebten. Sie stammten meist aus dem sächsischen Vogtland und waren Mitte des 18. Jahrhunderts auf Betreiben von König Friedrich II. angesiedelt worden, um die abgeholzten Flächen vor der Stadtgrenze zu besiedeln. Im Zuge der Industrialisierung verarmten sie und wurden zum Lumpenproletariat, wie Karl Marx diese Schicht nannte.

So markierte die Chausseestraße in der weiteren Entwicklung die Grenze zwischen einem eher bürgerlichen Bereich westlich und einem eher proletarischen Bereich östlich der Magistrale. Die westliche Gegend wurde zudem lange von Militär- und Polizeibauten geprägt. Erst beherrschte die Maikäferkaserne den Mittelabschnitt der Chausseestraße, die nach 1918 von der Schutzpolizei mit diversen Abteilungen übernommen wurde. Soldaten und Polizisten spielten also eine Rolle im Straßenbild und wurden abends abgelöst von den Nachtschwärmern, die in die Kneipen und Tanzbars zogen. Daneben entstanden viele Geschäfte zur Versorgung dieser bunten Gesellschaft. Diese hat sich über die Jahrzehnte immer wieder verändert. Aus dem Industriestandort Chausseestraße wurde ein Geschäfts- und Vergnügungsviertel, aber es blieb bis zum Zweiten Weltkrieg immer auch eine Wohngegend: Die gehobene Mittelschicht bezog die großen Wohnungen der Vorderhäuser, die weniger Begüterten die Seitenflügel und Hinterhäuser der Ende des 19. Jahrhunderts entstandenen großen Mietshäuser: die Berliner Mischung.

Nach dem Zweiten Weltkrieg entwickelte sich die Chausseestraße trotz vieler zerstörter Gebäude noch einmal zu einer vergleichsweise lebendigen Gegend, die von der Nähe zu West-Berlin profitierte. Nach dem Mauerbau blieb davon nicht viel übrig. Einige Bars und Eckkneipen luden zu überschaubaren Vergnügungen; die Menschen an der immer grauer werdenden Chausseestraße führten ein eher stilles Leben.

Der Stasi-Wirt im Borsig-Eck

Der Dokumentarfilmer Volker Koepp hat 1987 in einem halbstündigen Schwarzweißfilm mit dem Titel *Feuerland* diesen Alltag eingefangen. Er zeigt ein Kleine-Leute-Milieu mit der Gaststätte Borsig-Eck im Mittelpunkt, wo sich alle treffen: Alt und Jung, ein 75-jähriger Schachmeister, der dort um ein paar Mark spielt, Bauarbeiter aus Neubrandenburg, die an Baustellen in der Hauptstadt eingesetzt wurden, Fußballfans und ein paar Punks. Im Hinterzimmer feiert ein junges Brautpaar eine etwas traurige Hochzeit, sie tan-

Im Borsig-Eck, Standbild aus Volker Koepps Film »Feuerland«, 1987

zen zu Udo Lindenbergs »Hinterm Horizont geht's weiter«. Über die Chausseestraße ziehen grölende Fußballfans, im Ballhaus spielt eine Band vor vollem Haus, aber leerer Tanzfläche. Eine Berliner Mischung Marke Ost. Die melancholischen Szenen erinnern ein wenig an die 1950er-Jahre.

Dass das Borsig-Eck kurz nach den Filmaufnahmen geschlossen wurde, passt in diese Endzeitstimmung. In verschiedenen Stadtführern taucht die Legende auf, das Lokal sei in den 1980er-Jahren eine vielbesuchte Adresse von DDR-Dissidenten gewesen, darunter auch Wolf Biermann und Nina Hagen, die ja nicht weit entfernt wohnten. Kurz vor der Wende sei es »wegen Übererfüllung seines gesellschaftlichen Auftrags von der Stasi geschlossen« worden. In den 1980er-Jahren lebten Biermann und Hagen schon lange im Westen. Eine Recherche zum Borsig-Eck im Stasi-Unterlagen-Archiv ergab keine Belege für solche Vermutungen.

Das Lokal und seine Gäste hatten die Behörden allerdings sehr wohl im Auge. Der Besitzer des privat geführten Lokals war in den 1960er-Jahren inoffizieller Mitarbeiter, sprich Spitzel, unter dem Decknamen Wolfgang Müller für die Volkspolizei, ergibt sich aus den Unterlagen. Er sollte Auffälligkeiten unter seinen Gästen beobachten und melden. Der Mann mit »fortschrittlicher Einstellung« wolle aus seiner Gaststätte, in der allerlei »asoziale Elemente« verkehrten, ein »sauberes Lokal« machen, heißt es im Anwerbebericht. Sein Führungsoffizier beauftragte ihn, insbesondere Kontakte zu Gästen aus kirchlichen Einrichtungen in der Umgebung zu knüpfen, die das Lokal zuweilen aufsuchten. Es handelte sich dabei um das evangelische Sprachenkonvikt und das Studentenwohnheim in der Borsigstraße mit der dazugehörigen Golgathakirche. Aus den Treffberichten in den folgenden Jahren ergeben sich nur spärliche und banale Informationen. Der Informant erwies sich in mancher Hinsicht als unzuverlässig und war selbst in diverse Ordnungswidrigkeiten und handgreifliche Auseinandersetzungen in seiner Kneipe verwickelt, sodass die Volkspolizei die Zusammenarbeit 1972 beendete und seine »Abschreibung« verfügte.

Der vermutlich letzte Eintrag zum Borsig-Eck findet sich in einem Stasi-Dokument vom 31. Januar 1987, eine Aktennotiz des zuständigen Volkspolizeireviers 4: »Im Wohngebiet selber hat diese Gaststätte keinen guten Ruf. In den Abendstunden verkehren dort überwiegend Bürger, vorbestrafte, kriminell gefährdete Haftentlassene usw. und andere negative Personen, darunter auch Bürger, die Anträge auf ständige Übersiedlung in die BRD gestellt haben.« Möglicherweise hat diese negative Beurteilung zur Schließung des Lokals geführt. Dazu finden sich aber keine Hinweise in den Unterlagen.

Nach 1995 hat das Lokal an der Borsig-, Ecke Tieckstraße eine glanzvolle Wiederauferstehung erlebt. Unter dem Namen Honigmond war es für viele Jahre ein beliebtes Kaffeehaus und Restaurant und das angeschlossene Hotel einer dieser Geheimtipps, die irgendwann nicht mehr geheim sind. Glanzpunkt der liebevoll restaurierten Gasträume war der alte Tresen aus der Zeit des Borsig-Ecks. 2017 gab es unter dem beziehungsreichen Namen Neumond einen Wechsel hin zu innovativer Küche und modernem Interieur, der Tresen aus der Gründerzeit blieb an seinem Platz. Im Verlauf der Pandemie ist der Neumond hier untergegangen, und im Sommer 2021 wurde das Restaurant wieder umgebaut. Nun erinnert innen nichts mehr an seine Vergangenheit, eines aber ist doch gleich geblieben: dass hier wie vor 150 Jahren Gäste bewirtet werden.

So kann man dieses Lokal und seine Geschichte als Beispiel für die Veränderung und die Lebenskraft der Chausseestraße und ihrer Umgebung verstehen. Nach dem Niedergang in den Jahren nach dem Mauerfall und dem hier später als anderswo in Mitte erfolgten Gentrifizierungsschub der 2010er-Jahre hat sie nun wieder viel von der alten Berliner Mischung gewonnen. Sicher auf einem höheren, auch teureren Niveau als früher, aber sie ist weit entfernt von der sterilen, durchsanierten Atmosphäre anderer Gegenden.

Die Chausseestraße zeigt sich moderner, abwechslungsreicher und vielfältiger, an vielen Stellen aber auch traditionsbewusster als so manch anderer Kiez im Berliner Zentrum. Die verspätete Wiederentdeckung mag dazu beigetragen haben, dass hier sorgfältiger mit alter Bausubstanz und historischen Bezügen umgegangen wurde als bei früheren Projekten. Es ist wieder eine lebendige Straße, in der gewohnt und gearbeitet, gefeiert und getrauert, studiert und flaniert wird. Eine kluge Stadtpolitik muss diese Mischung schützen, die nicht zuletzt von einer Mittelschicht getragen wird, die es sich auch künftig leisten können muss, hier zu leben, Familien und Geschäfte zu gründen.

ANHANG

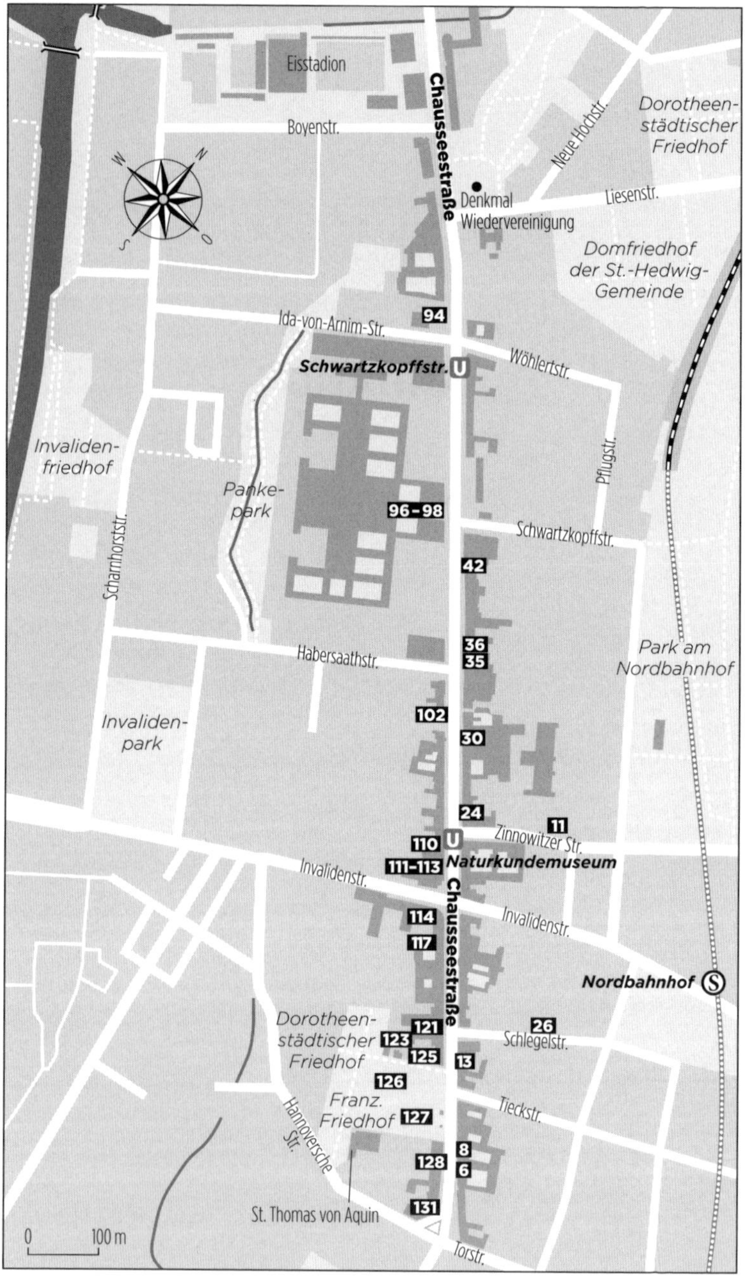
Eisstadion
Boyenstr.
Chausseestraße
Dorotheen-
städtischer
Friedhof
Neue Hochstr.
Liesenstr.
Denkmal
Wiedervereinigung
Domfriedhof
der St.-Hedwig-
Gemeinde
94
Ida-von-Arnim-Str.
Schwartzkopffstr.
Wöhlertstr.
Invaliden-
friedhof
Panke-
park
96-98
Pflugstr.
Schwartzkopffstr.
Scharnhorststr.
42
36
35
Habersaathstr.
Park am
Nordbahnhof
102
Invaliden-
park
30
24
11
110
Zinnowitzer Str.
111-113
Naturkundemuseum
Invalidenstr.
Chausseestraße
114
Invalidenstr.
117
Nordbahnhof
Dorotheen-
städtischer
Friedhof
121
26
123
125
Schlegelstr.
13
126
Franz.
Friedhof
127
Tieckstr.
Hannoversche
Str.
8
128
6
131
St. Thomas von Aquin
0
100 m
Torstr.

Die Chausseestraße in Berlin-Mitte

Östliche Straßenseite von Süden nach Norden

Chausseestraße 6: Stolpersteine erinnern an die jüdische Familie Happ, der das Haus gehörte
- 8: Rutz Restaurant, dahinter die Alte Lokfabrik
- 13: Borsighaus

Schlegelstraße 26: Zugang zu den Edison-Höfen

Chausseestraße 24: Grüne Apotheke (1851–1892)

Zinnowitzer Straße 11: Zugang zur Hochschule für Schauspielkunst »Ernst Busch«

Chausseestraße 30: Hotel Titanic, ehemaliges Bunkergelände
- 35: Otis-Höfe
- 36: Chaussee 36
- 42: Ehemalige Secura-Werke

Wöhlertstraße: Zugang zur Wohnanlage Wöhlertgarten, Ecke Pflugstraße

Liesenstraße: ehemaliges Grenzgebiet, Zugang zu den Friedhöfen der Französisch-Reformierten Gemeinde II, der St.-Hedwig-Gemeinde, Dorotheenstädtischer Friedhof II, Domfriedhof I, Mauerreste

Pankepark, Skulptur Wiedervereinigung

Westliche Straßenseite von Norden nach Süden

Boyenstraße: Zugang zum Grünzug Südpanke

Chausseestraße 94: ehemaliges Krieger-Vereinshaus
- 96–98: Zentrale des Bundesnachrichtendienstes (BND)
- 102: Ballhaus Berlin
- 110: Germaniahaus
- 111–113: Leibniz-Gemeinschaft
- 114: Physikergedenkstätte
- 117: Erstes Parkhaus in Berlin
- 121: Zugang zum Spartakus-Gedenkstein, Gründungsort der KPD
- 123: ehemaliges Bioskop-Atelier
- 125: Brecht-Haus
- 126: Dorotheenstädtischer Friedhof
- 127: Französischer (Hugenotten) Friedhof
- 128: Katholische Höfe, Zugang zur Kirche St. Thomas von Aquin
- 131: Biermann-Haus

Literatur- und Quellenverzeichnis

1 »Mächtige Ströme von schwärzlichen Arbeitern«

Berliner Tief- und Verkehrsbau AG (Hg.): 50 Jahre TB, Berlin 1999, https://www.tbs-rinne.de/images/aktuelles/tb-tiefbau-berlin.pdf

Bisky, Jens: Berlin: Biographie einer großen Stadt, Rowohlt Berlin, 2019

Galm, Ulla: August Borsig (Preußische Köpfe – Industrie), Stapp Verlag, Berlin 1987

Hettlage, Bernd: Alte Lokfabrik Chausseestraße 8 Berlin (Die neuen Architekturführer Nr. 51), Stadtwandel Verlag, Berlin 2004

Landesdenkmalamt Berlin (Hg.): Denkmale in Berlin, Bezirk Mitte, Ortsteil Mitte (Denkmaltopographie Bundesrepublik Deutschland), Imhof Verlag, Petersberg 2003

Memarnia, Susanne: »Abstammung war hier nie so wichtig«, Interview mit Hanno Hochmuth, in: taz vom 19. September 2020

Ontrup, Diether: Das Borsighaus, Berlin 2004, https://www.diegeschichteberlins.de/geschichteberlins/berlin-abc/stichworteag/562-borsighaus.html

Seidel, Heinrich: Leberecht Hühnchen, Insel Verlag, Frankfurt am Main 1985 (zuerst 1882)

Tergit, Gabriele: Effingers. Roman, Schöffling & Co., Frankfurt am Main 2019

2 »Warte nicht auf bessre Zeiten«

Biermann, Wolf: Warte nicht auf bessre Zeiten! Die Autobiographie, Propyläen Verlag, Berlin 2016

Landesamt zur Regelung offener Vermögensfragen: Bescheid über die Rückübertragung des Grundstücks Chausseestraße 131 A u. B vom 10. März 2000

Schmale, Holger: Die Geschichte der Chausseestraße 131, in: Berliner Zeitung vom 13. Oktober 2019

Wensierski, Peter und Michael Sontheimer: Der Biermann ist doch unser schlimmstes Gift, in: Der Spiegel vom 12. Juni 2018

Gespräch des Autors mit dem Investor Franz Rembold, Sommer 2019

Gespräch des Autors mit dem Zeitzeugen Hanno Harnisch, Mieter Chausseestraße 131, Sommer 2019

3 »Wer kann Auskunft geben?«

Amtsgericht Mitte: Grundbuch für das Grundstück Chausseestraße 6

Berliner Adreßbuch, August Scherl, Deutsche Adreßbuch Gesellschaft, Berlin 1933 und 1943

Lölke, Janna: Biografische Zusammenstellung zur Familie Happ, Stolpersteine Berlin, https://www.stolpersteine-berlin.de/de/biografie/206
1906 Lilli – Wer kann Auskunft geben …, www.ahnen.steup.eu oder https://lmy.de/XZibe

4 »Da liegt allerhand große Leute«

Chausseestraße 125. Die Wohnungen von Bertolt Brecht und Helene Weigel in Berlin-Mitte fotografiert von Sibylle Bergemann, mit Texten von Erdmut Wizisla, Holger Teschke, Peter Voigt u.a., hg. von der Stiftung Archiv der Akademie der Künste, Berlin 2000
Erzbistum Berlin: Informationsblatt Kirche der Katholischen Akademie, Berlin o.J.
Etzold, Alfred und Wolfgang Türk: Der Dorotheenstädtische Friedhof. Die Begräbnisstätten an der Berliner Chausseestraße, Ch. Links Verlag, Berlin 2002 (zuerst 1993)
Evangelischer Friedhofsverband Stadtmitte: Informationsblatt Dorotheenstädtischer Friedhof I, Berlin 2019
Müller, André und Gerd Semmer: Geschichten vom Herrn B. Gesammelte Brecht-Anekdoten, Verlag Philipp Reclam jun., Leipzig 1984
Rutschky, Michael und Juergen Teller: Der verborgene Brecht. Ein Berliner Stadtrundgang (Ausstellungskatalog, hg. von Inge Gellert und Klara Wallner), Scalo Verlag, Zürich 1997
Schlesinger, Klaus: Fliegender Wechsel. Eine persönliche Chronik, Hinstorff Verlag, Rostock 1990

5 »Sie kommen in Rabenschwärmen«

Bisky, Jens: Diese Stadt ist ihre eigene Pointe, in: Süddeutsche Zeitung vom 11. Dezember 2019
Chausseestraße 125. Die Wohnungen von Bertolt Brecht und Helene Weigel in Berlin-Mitte fotografiert von Sibylle Bergemann, mit Texten von Erdmut Wizisla, Holger Teschke, Peter Voigt u.a., hg. von der Stiftung Archiv der Akademie der Künste, Berlin 2000
Deniz, Diana: Ich hatte immer um mich die heile Welt meiner Familie. Ein Gespräch mit Barbara Brecht-Schall aus Anlass ihres 80. Geburtstags, in: Dreigroschenheft. Informationen zu Bertolt Brecht, 2010 Heft 4, https://www.dreigroschenheft.de/downloads/3gh2010-4.pdf
Martin, Thomas: Eine Todesnachricht als Lebenszeichen, in: Berliner Zeitung vom 10. Dezember 2020

6 **»Zumindest war mal einer hier«**
Knobloch, Heinz: Berliner Grabsteine, Buchverlag Der Morgen, Berlin 1987
Knobloch, Heinz: Alte und neue Berliner Grabsteine, Jaron Verlag, Berlin 2000
Paul, Manfred: Grenzenlose Räume. Versuch einer Dokumentation. Mit einem Essay von Uwe Kolbe, Verlag für Bauwesen, Berlin 1991

7 **»Das war unsere Strecke«**
Berliner Adreßbuch, August Scherl, Deutsche Adreßbuch Gesellschaft, Berlin 1900 und 1903
Boysen, Jacqueline: Das »weiße Haus« in Ost-Berlin. Die Ständige Vertretung der Bundesrepublik bei der DDR, Ch. Links Verlag, Berlin 2020
Bundesarchiv, MfS, HA IV, Nr. 1308, Bl. 5–10, auch in: Stasi-Mediathek, Bericht über einen Fluchtversuch auf der Grenzübergangsstelle Chausseestraße, https://www.stasi-mediathek.de/medien/bericht-ueber-einen-fluchtversuch-auf-der-grenzuebergangsstelle-chausseestrasse/
Gunkel, Christoph: Der letzte Schuss auf Mauerflüchtlinge. »Lauft! Lauft! Lauft!«, in: Spiegel Geschichte vom 8. April 2019, https://www.spiegel.de/geschichte/berliner-mauer-der-letzte-schuss-nach-ende-des-schiess befehls-a-1260990.html
Loewe, Lothar: Abends kommt der Klassenfeind, in: Der Spiegel 37/1977
Martin, Thomas: Eine Todesnachricht als Lebenszeichen, in: Berliner Zeitung vom 10. Dezember 2020
Mauerdenkmal »Kaninchenfeld« verfällt, in: Berliner Morgenpost vom 22. Mai 2019
Matthies, Frank-Wolf: Für Patricia im Winter. Gedichte, Rowohlt Verlag, Reinbek bei Hamburg 1981
Reichardt, Hans: Die Straßenbahnen Berlins, Alba Buchverlag, Düsseldorf 1974
Renner, Tim: Antwort auf eine kleine Anfrage der Abgeordneten Ellen Haußdörfer (SPD) vom 10. März 2016, »Kaninchen in Berlin-Mitte: Wo sind nur die Hasen hin?«, Abgeordnetenhaus von Berlin, Drucksache 17/18230
Sachbearbeiter in Käfighaltung, 4. Juli 2006, https://flanieren-in-berlin.de/bezirke/mitte/wedding/sachbearbeiterinkaefighaltung.html
Sälter, Gerhard und Tina Schaller (Hg.): Grenz- und Geisterbahnhöfe im geteilten Berlin, Ch. Links Verlag, Berlin 2014
Schenk, Ralf: Mitten im Kalten Krieg (über die fast vergessene Geschichte der West- und Ost-Berliner Grenzkinos), in: Berliner Zeitung vom 11. August 2011

Schulz, Reinhard: Schaffnerwechsel, in: Verkehrsgeschichtliche Blätter Nr. 3/2013
Senatsverwaltung für Umwelt, Verkehr und Klimaschutz: Südpanke: Ausbau in Berlin-Mitte, https://www.berlin.de/sen/uvk/verkehr/infrastruktur/wasserbau/ausbau-von-gewaessern/suedpanke/
Stiller, Werner: Der Agent. Mein Leben in drei Geheimdiensten, Ch. Links Verlag, Berlin 2010
Wildermann, Patrick: Die Panke ist hässlich, hat aber Charakter, in: Der Tagesspiegel vom 1. August 2016
Auskunft des Historischen Archivs der BVG, Dezember 2021
Gespräch des Autors mit Regine Sylvester, Zeit- und Ortszeugin, Sommer 2021

8 »Vor der Kaserne ...«

Aulich, Uwe: Ödnis dehnt sich aus, wo einst das Stadion der Weltjugend stand, in: Berliner Zeitung vom 11. August 1994
Berlin – Der Architekturführer, Quadriga Verlag, Berlin 2001
Berlin von A bis Z: Garde-Füsilier-Kaserne, https://berlingeschichte.de/berlinaz/index.html
Berliner Fußball-Verband e.V.: Die Fußball Route Berlin, http://fussballrouteberlin.de/
Bernau, Nikolaus: Architektur der BND-Zentrale in Berlin: Monoton und geisttötend, in: Berliner Zeitung vom 8. Februar 2019
Bundesamt für Bauwesen und Raumordnung: Wettbewerb BND-Hauptgebäude. Empfehlungen des Beurteilungsgremiums, Dezember 2004, https://www.bbr.bund.de/BBR/DE/Bauprojekte/Berlin/Sicherheit/BND/Hauptgeb%C3%A4ude/BND_Wettbewerb/ergebnis.html
Deutsche Biographie: Leip, Hans, https://www.deutsche-biographie.de/pnd118571338.html#ndbcontent
Engels, Friedrich: Brief an Marie Engels vom 15. April 1842, https://sites.google.com/site/sozialistischeklassiker2punkt0/friedrich-engels/1842/friedrich-engels-brief-an-marie-engels-1
Kleihus, Jan, Kleihues + Kleihues: BND. Die Zentrale / The Headquarter of the Federal Intelligence Agency, Hatje Cantz Verlag, Berlin 2017
Matzig, Gerhard: Der Todesstern, in: Süddeutsche Zeitung vom 8. Februar 2019
Modrow, Hans über Walter Ulbricht, in: Haus der Geschichte: »Jeder Mann an jedem Ort, einmal in der Woche Sport«, https://www.zeitzeugen-portal.de/videos/bBkOh_bGuoc
Neef, Christian: Das rote Woodstock, in: Spiegel Geschichte 3/2005

Schmale, Holger: Wie arbeitet der BND in Berlin?, in Berliner Zeitung vom 7. März 2021

9 »Das heißt Wille und Tat«

Benditz, Karl-Heinz, Stahlwerker im LEW Hennigsdorf, über den Marsch der Hennigsdorfer nach Berlin am 17. Juni 1953, http://www.17juni53.de/karte/potsdam/09_benditz.pdf

Berlin von A bis Z: Habersaath, Erich, https://berlingeschichte.de/lexikon/mitte/h/habersaath_erich.htm

Galm, Ulla: August Borsig (Preußische Köpfe – Industrie), Stapp Verlag, Berlin 1987

Heinke, Lothar: Das jüngste Opfer war erst 14, in: Der Tagesspiegel vom 17. Juni 2008

Reschke, Oliver: Kampf um die Kieze – Nationalsozialisten im Zentrum Berlins; Manuskript eines Vortrags im Bundesarchiv, 19. Juni 2014

Sabrow, Martin: Die Aura der Adresse, in: Berlin, Chausseestraße 111. Willkommen bei der Leibniz-Gemeinschaft, Berlin 2013

Stolpersteine Berlin: Hermann Scheffler, https://www.stolpersteine-berlin.de/de/biografie/599

Warnecke, Heinz: Barrikadenstandorte 1848, Edition Luisenstadt, Berlin 1999

Weiss, Peter: Die Ästhetik des Widerstands. Roman, Suhrkamp Verlag, Frankfurt am Main 1985 (zuerst 1975)

10 »Das schönste aller Dinge …«

Baunetz Wissen: Hochschule für Schauspielkunst Ernst Busch in Berlin – Dramaturgie in Holz, Glas und Beton, https://www.baunetzwissen.de/flachdach/objekte/bildung/hochschule-fuer-schauspielkunst-ernst-busch-in-berlin-6965505

Berliner Adreßbuch, August Scherl, Deutsche Adreßbuch Gesellschaft, Berlin 1940 und 1943

Hahn, Ines: Ein Fundstück und die Wogen der Erinnerung, in: Jürgen Danyel (Hg.): Ost-Berlin. 30 Erkundungen, Ch. Links Verlag, Berlin 2019, S. 31–47

Heide, Annett: Mehmet Aygün – das Berliner Hasir-Imperium, in: Berliner Zeitung vom 7. März 2013

Jost, Sylvia: Der ungewöhnlichste 70. Geburtstag von Berlin, in: B.Z. vom 20. April 2015

Laurig, Leonard: Neues Haus für Ernst Busch: Die Holzkiste für Schauspielkunst, in: taz vom 18. Oktober 2018

Lessen, Christian van: Kulissen auf Bestellung, in: Der Tagesspiegel vom 12. Februar 2008
Oper in Berlin: Die Unsichtbaren. Gewerke und Mitarbeiter des Bühnenservice, Berlin 2005
Ortner & Ortner Baukunst, www.ortner-ortner.com
Zawatka-Gerlach, Ulrich: Neubau wird 11 Millionen teurer als geplant, in: Der Tagesspiegel vom 24. November 2017
Gespräch des Autors mit Christof Blaesius, Ballhaus Berlin, im Sommer 2021 (telefonisch)
Gespräch des Autors mit Anja und Carsten Schmidt, Besitzer des Restaurants Rutz, Januar 2021
Gespräch des Autors mit Andrea Würdemann, ehemalige Anwohnerin und Autorin des Blogs Titanic, Juni 2021

11 »Die Glühlampe hielt triumphalen Einzug«

Berliner Film-Ateliers: Bioskop-Atelier, http://www.cinegraph.de/etc/ateliers/bioskop.html
Endres, Frank: Die Geschichte der Tonträger, https://www.planet-wissen.de/kultur/musik/geschichte_der_tontraeger/pwiedeientwicklungdeston bandes100.html
Gerlach, Lisa: Unter Strom sehen. Die Elektrifizierung der Straßenbeleuchtung in Berlin 1871–1914, in: Stadtgeschichte als Zeitgeschichte. Berlin im 20. Jahrhundert. Herausgegeben von Hanno Hochmuth und Paul Nolte, Wallstein Verlag, Göttingen 2019
Hanisch, Michael: Auf den Spuren der Filmgeschichte. Berliner Schauplätze, Henschelverlag, Berlin 1991
Kunstfabrik Schlot, www.kunstfabrik-schlot.de
Landesdenkmalamt Berlin (Hg.): Denkmale in Berlin, Bezirk Mitte, Ortsteil Mitte (Denkmaltopographie Bundesrepublik Deutschland), Imhof Verlag, Petersberg 2003
Leibniz-Gemeinschaft, https://www.leibniz-gemeinschaft.de/ueber-uns/ueber-die-leibniz-gemeinschaft
medienstimmen.de: Konski & Krüger, https://www.medienstimmen.de/chronik/1931-1935/1932-konski-krueger-neue-membra-lautsprecher/
Pohl, Manfred: Emil Rathenau und die AEG, Verlag Hase & Köhler, Mainz 1988
Silicon Allee Campus, www.siliconallee.com
Weierud, Frode: Who was Harry Welsch?, http://cryptocellartales.blogspot.com

Auskunft der Klarna Bank AB German Branch vom 15. März 2021
Auskunft des Schering Archivs, März 2021

12 »In bester Lage …«

Bökamp, Lena: Berliner Schmuckstück, in: Lebensmittelzeitung vom 13. Juli 2017, https://www.lebensmittelzeitung.net/handel/storechecknews/Edeka-Sapphire-in-Berlin-Berliner-Schmuckstueck-130074?crefresh=1
Immowert Immobiliengruppe: Projekte, www.immowert.at
Kunst- und Kultur-Stadtführer Berlin: Honigmond Hotels, http://www.berlin-hidden-places.de/regional/mitte/mit_honigmond.htm
Leiß, Birgit: Habersaatstraße 40–48. Professionelle Verdrängung, in: MieterMagazin 9/2018, https://www.berliner-mieterverein.de/magazin/online/mm0918/habersaathstrasse-40-48-berlin-mitte-professionelle-verdraengung-091813a.htm
Meixner, Christiane: Ein Haus für Fotografie. Herr der Farben, in: Der Tagesspiegel vom 23. März 2021
Memarnia, Susanne: »Abstammung war hier nie so wichtig«. Interview mit Hanno Hochmuth, in: taz vom 19. September 2020
Mietergenossenschaft Wöhlertgarten e. G., www.woehlertgarten.de
Paul, Ulrich: So sieht es im Wohnhaus »Saphire« aus, in: Berliner Zeitung vom 18. Dezember 2017
Sapphire Berlin, www.sapphire-berlin.com
Smith, Tong-Jin und Michael Fabricius: »Gentrifizierung ist ein schrecklicher Begriff«. Interview mit Daniel Libeskind, in: Die Welt vom 28. Oktober 2015
Stasi-Unterlagen-Archiv: Das Borsig-Eck als Treffpunkt der DDR-Opposition, BArch, MfS, AOG 5299/72; BArch, MfS, BV Bln, KD Mitte, 2671; BArch, MfS, HA II, Nr. 33242
Wahmkow, Jonas: Wohnungslose erkämpfen Haus, in: taz vom 19. Dezember 2021
Weiss, Peter: Die Ästhetik des Widerstands. Roman, Suhrkamp Verlag, Frankfurt am Main 1985 (zuerst 1975)
Gespräch des Autors mit Werner Jacob, Korbmacher in der Habersaathstraße, Januar 2021

Alle Weblinks gesehen am 3.2.2022

Bildnachweis

Karte auf S. 214: Peter Palm, Berlin

Archiv der sozialen Demokratie/Friedrich-Ebert-Stiftung: S. 148 (Signatur: 6/FOTB001831)
Ballhaus Berlin: S. 161, 164
BND Pressefoto/S.J. Müller: S. 126
Bundesarchiv: S. 93 (BArch, MfS, ZAIG, Nr. 2543, Bild 3), 103 (BArch, MfS, HA VI, Nr. 1308, Bl. 15), 109 (BArch, MfS, ZAIG, Nr. 2543, Bild 4), 116/117 (BArch, Bild 183-24900-0092a, Heinz Junge)
Ch. Links Verlag, Archiv: S. 34, 108
Creative Commons, Fotograf: Jörg Zägel: S. 27 (https://de.m.wikipedia.org/wiki/Datei:Berlin,_Mitte,_Chausseestrasse_42,_Secura-Werke.jpg), 28 (https://de.wikipedia.org/wiki/Datei:Berlin,_Mitte,_Chaussee strasse_13,_Borsighaus.jpg), 142 (https://de.m.wikipedia.org/wiki/Datei:Berlin,_Mitte,_Chausseestrasse_94,_Erstes_Krieger-Vereinshaus.jpg)
DEFA-Stiftung/Thomas Plenert: S. 122, 210
Holger Herschel: S. 50, 83, 90/91, 192, 203
Kirche St. Thomas von Aquin – Katholische Akademie in Berlin: S. 66
Iwona Kowalczyk: S. 155
Kulturprojekte Berlin/Privatbesitz: S. 113
O&O Baukunst/euroluftbild.de: S. 158
Manfred Paul: S. 85
Franz Rembold: S. 36/37
Schering Archiv/Bayer AG: S. 183, 184
Holger Schmale: S. 24, 32, 88, 92, 101, 137
Harald Sieber/Mietergenossenschaft Wöhlertgarten: S. 104
Stadtmuseum Berlin, Reproduktion Carl Eduard Biermann: Borsig's Maschinenbau-Anstalt zu Berlin, Berlin, 1847: S. 16
Stiftung Stadtmuseum Berlin, Inv.-Nr.: SM 2018-00868, unbekannter Fotograf, Abwicklung/Panorama des Straßenzuges Friedrichstraße/Chausseestraße, Berlin, um 1981, Fotografie, montiert auf Kunststoff, ca. 13 cm hoch, montiert zu zehn Abschnitten, gerollt: S. 71, 170–173

Der Autor

Holger Schmale, geboren 1953 in Hamburg, studierte an der Freien Universität Berlin Publizistik, Politische Wissenschaften und Geschichte. Er schrieb für dpa aus West- und Ost-Berlin sowie als bundespolitischer Korrespondent aus Bonn. Ende der 1990er-Jahre berichtete er für die Agentur aus den USA und ging dann als Politischer Korrespondent zur *Berliner Zeitung*, für die er nach Stationen als Leiter des Bundesbüros, Chefkorrespondent der DuMont-Redaktionsgemeinschaft und Stellvertretender Chefredakteur der Hauptstadtredaktion weiterhin schreibt. Gemeinsam mit Jochen Arntz veröffentlichte er 2004 das Buch *John Kerry. Kandidat gegen Bush – Amerika vor der Entscheidung* und 2017 *Die Kanzler und ihre Familien. Wie das Privatleben die deutsche Politik prägt.*